¿Qué hay en la tele?

Claude Allard
Cécile Dollé

¿QUÉ HAY EN LA TELE?

Cómo ayudar a nuestros hijos a elegir

dve
PUBLISHING

Colección dirigida por Bernadette Costa-Prades.

> *«El niño no es un jarrón que hay que llenar,*
> *sino un fuego que hay que encender».*

(Proverbio)

Traducción de Montserrat Foz Casals.

Diseño gráfico de la cubierta de Bruno Douin.

Ilustración de la cubierta de Jesús Gracia Sánchez.

Título original: Qu'est-ce qu'il y a à la télé?

© Editorial De Vecchi, S. A. 2016
© [2016] Confidential Concepts International Ltd., Ireland
Subsidiary company of Confidential Concepts Inc, USA
ISBN: 978-1-68325-713-4

Introducción

Nuestro hijo canta de memoria eslóganes publicitarios, mientras que nosotros le tatareamos nuestras canciones infantiles preferidas... Maneja el mando a distancia con una soltura desconcertante. Parece sentirse como pez en el agua en un entorno muy cambiante y cada vez más complejo.

En los últimos años, la televisión ha cambiado de cara. Con la llegada del cable, del satélite y ahora de la televisión digital terrestre, el número de cadenas no ha dejado de aumentar, ofreciendo al telespectador una diversidad cada vez mayor de imágenes y de programas. Por consiguiente, los niños se encuentran a menudo frente a programas que no están hechos para ellos, y que a los padres les cuesta seguir. Ante tal evolución, estos últimos se sienten desamparados, conscientes de la necesidad de acompañar a su hijo pero sin saber demasiado cómo hacerlo.

Al entender cómo actúa la televisión sobre los más jóvenes, al identificar las intenciones de los programas para con ellos, los padres, siendo conscientes de sus efectos beneficiosos pero también de sus peligros, podrán establecer más fácilmente los límites, ayudar a sus hijos a distanciarse de la pequeña pantalla, enseñarles a desarrollar una mirada crítica y, quizás, a convertirse en jóvenes telespectadores activos.

Capítulo 1

Mire la programación...

Ante tal abundancia y flujo de imágenes, a los padres les cuesta a veces orientarse y saber qué ven sus hijos, aún más cuando ambos trabajan y vuelven tarde. Actualmente, nos encontramos ante una paradoja: los niños tienen cada vez más programas donde elegir pero al mismo tiempo están cada vez más solos.

Un entorno cambiante

Desde su más tierna edad, los niños están en contacto con las imágenes. Televisión, ordenador, vi-deojuegos... forman parte de su universo con la misma naturalidad que el aire que respiran. Nacen, crecen y viven con ellas. Aunque los chicos a partir de los 7-8 años dejan un poco de lado la televisión por la consola, la tele sigue siendo el medio de comunicación más influyente entre las jóvenes generaciones, por el tiempo que pasan delante de ella pero también por los valores y los mensajes que transmite.

Desde que la televisión existe, su buena o mala influencia sobre los niños siempre ha despertado temores y prejuicios. Recordemos la preocupación de los padres en los años sesenta por los pistoletazos de los vaqueros o por las peleas. Hoy, estas escenas nos hacen sonreír. Ahora, la cuestión no es tanto saber si se puede dejar ver o no la televisión a los niños, sino más bien saber cómo acompañarlos ante un caudal de imágenes que no deja de aumentar.

Un contenido desordenado

En los últimos años, el número de cadenas no ha dejado de aumentar. La verdadera revolución se produjo en los años ochenta con la aparición del cable y del satélite. Las cadenas crecieron como setas y apareció un nuevo concepto: las cadenas temáticas. Cine, dibujos animados, música, deporte, actualidad, meteorología, documentales... Para cada ámbito, una o varias cadenas.

Para las generaciones anteriores, acostumbradas a pocos canales, estas nuevas programaciones son como una selva en la que es difícil orientarse, aunque esta revolución actualmente afecta sólo a un 30 % de los hogares.

Con lo que nos costó adaptarnos y ya tenemos una nueva revolución: la llegada de la televisión digital terrestre, la TDT, una revolución técnica que aporta una imagen excelente, un sonido cristalino y muchas cadenas nuevas. En el año 2005 han visto la luz nuevos canales gratuitos, que se añaden a los ya existentes en la red hertziana. Aparecerán más, algunos gratuitos y otros de pago. Seguro que nacen canales especializados para jóvenes, con lo cual podrán disfrutar de programas diseñados específicamente para ellos. Esto tiene varias ventajas: estas cadenas no emitirán programas violentos, los padres identificarán mejor lo que ven sus hijos y al público joven le gustará. Sin embargo, dos puntos negativos. El primero es que este tipo de canales pueden fomentar el consumo de televisión entre los niños, porque es sabido que los que tienen cable y satélite en casa la ven más que los que no tienen. El segundo es la publicidad. Para los anunciantes, los niños son un objetivo predilecto. Al ser crédulos y no saber distanciarse todavía lo suficiente de las imágenes, son fácilmente influenciables. ¿Lo ideal? Una cadena para niños sin publicidad, como en Inglaterra.

Cada vez más televisores

Actualmente se está produciendo otro cambio que está empezando a influir en nuestra manera de ver la televisión: el elevado número de televisores que existen en las casas. En los hogares ya no hay solamente un único televisor reinando en el salón o en el comedor, alrededor del cual se reúne toda la familia, sino que ahora hay varios: un televisor en la sala de estar, otro en la habitación de los padres y cada vez más a menudo otro en la habitación de los niños, cuando no hay uno en cada habitación de la casa. Se acabaron las peleas para elegir programa. Ahora, cada uno puede ver su serie favorita, el partido de fútbol o el programa de variedades a su antojo... aislado frente a la pantalla.

Casi tres horas de tele al día, de media

En España, según datos de un estudio reciente del Consejo del Audiovisual de Cataluña,[1] el consumo anual de horas de televisión de los niños de 4 a 12 años es de unas 990 horas, es decir, 2,71 horas diarias. Teniendo en cuenta que a la escuela dedican una media de 960 horas anuales, el resultado es que al cabo del año los niños dedican más tiempo a ver la televisión que a la escuela. Los niños de entornos menos favorecidos la ven más que sus compañeros de familias más acomodadas. ¿Y cuándo ven la televisión? El momento más importante es de nueve a doce de la noche (*prime time*), franja situada fuera del horario protegido, pero también la ven por la mañana antes de ir a la escuela y, evidentemente, los fines de semana.

Hoy en día, la mayoría de los padres trabajan fuera de casa y vuelven por la noche. A algunos niños los cuida una canguro, que no siempre presta atención a los programas que ven; otros se quedan bajo la responsabilidad de un hermano o hermana mayor

1. Fuente: Consejo del Audiovisual de Cataluña, *Libro Blanco: La educación en el entorno audiovisual,* Quaderns del CAC número extraordinario, noviembre 2003.

que ve programas para adolescentes, o que los planta delante del televisor para poder ocuparse de sus cosas. Otros, finalmente, se quedan solos. Así, los niños se encuentran cada vez más solos ante el televisor.

Fans de la telerrealidad

A las siete de la mañana, justo después de saltar de la cama, empieza la alegre ronda de dibujos animados. Con los ojos todavía medio cerrados y el pelo alborotado, nuestros pequeños se plantan delante de la pequeña pantalla para ver a sus personajes preferidos. La mayoría de las cadenas generalistas concentran lo esencial de su programación infantil en esta franja horaria matutina, que sólo representa el 8 % del total de su parrilla. La audiencia manda: la franja matinal tiene tradicionalmente pocos telespectadores. Y los dibujos animados colman este vacío. Lástima para los niños, porque entre el edredón y el tazón de cereales, la higiene y la preparación de la mochila, picotean ante el flujo continuo de dibujos animados sin pararse a disfrutar del desayuno. A la hora del almuerzo, juegos e información constituyen el plato fuerte. Después del colegio, de seis a ocho de la tarde, algunas cadenas vuelven a emitir programación específica para niños. No obstante, la franja horaria de mayor consumo entre niños de 4 a 12 años es la denominada de prime time, es decir, la que transcurre entre las nueve y las doce de la noche, con programas para adultos: teleseries, telerrealidad, películas. En los últimos años, la audiencia infantil y juvenil en la franja horaria que va de las diez a las diez y media de la noche ha aumentado el 45,2 %. ¿Resultado? El público infantil ve sobre todo programas que no están pensados para él. En este contexto, no es sorprendente que sus programas preferidos no sean magacines, juegos o películas creados para ellos, sino programas de telerrealidad.

Dibujos y más dibujos

Otro elemento preocupante es la poca oferta de programas infantiles. Sea cual sea la cadena, se da prioridad a la ficción, es decir, a los dibujos animados y a las series. Así, en las cadenas generalistas, los magacines, juegos y documentales se cuentan casi con los dedos de una mano... Misma pobreza de oferta encontramos en las cadenas temáticas, que emiten casi en bucle dibujos animados. Algunas al principio intentaron ofrecer programas más diversificados, pero tuvieron que rebajar sus ambiciones bajo la presión de sus accionistas. ¡La audiencia manda! Sólo una cadena, Televisión de Cataluña (TVC), ha apostado por crear el primer canal abierto dedicado por entero a los niños y los jóvenes: el K3. Así pues, en cuestión de magacines y de juegos, los niños están a dos velas.

Finalmente, la publicidad dirigida a los niños es omnipresente y acompaña de manera abundante a todos los programas.

Lo esencial

En pocos años, la televisión ha cambiado de cara. Con la privatización de algunas cadenas, la llegada del cable y del satélite, además de la televisión digital terrestre, hemos visto multiplicarse el número de cadenas y la oferta de programas, que crece y se vuelve cada vez más compleja.

Los niños ven principalmente programas que no están destinados para ellos (telerrealidad, series, noticias), porque suelen ver la televisión al final del día. Durante la semana, el único momento en que pueden ver programas pensados para ellos es por la mañana temprano, antes de ir a la escuela.

Los programas infantiles son culturalmente muy pobres. Aparte de los dibujos animados, no hay gran cosa. La televisión es considerada esencialmente una fuente de distracción.

Capítulo 2

Una pantalla mágica

El niño es un ser en proceso de crecimiento. Absorbe todo lo que ve y oye. Las imágenes le fascinan y no tiene suficiente madurez psicológica para distanciarse de ellas; de ahí la potencia de su impacto.

¿Quién no se ha dejado algún día atrapar por la televisión? La encendemos sólo para verla cinco minutos y nos dejamos atrapar por una película o un programa sin interés. Dos horas después, apagamos el televisor, furiosos por habernos dejado engañar de nuevo. Incluso los más reacios caen en la trampa...

La televisión fascina

La televisión fascina, hipnotiza a los adultos y aún más a los niños. La imagen se mueve, es de colores y muy viva. Muestra acción. La música y el sonido, aliados de la imagen, refuerzan su intensidad: los golpes de platillos, de tambor, despiertan en el espectador sensaciones de miedo, o de sorpresa; la melodía de un violín evoca ternura o alegría... La televisión nos lleva a un universo a veces distendido, otras veces temible... Su fuerza consiste en crear en el espectador una ilusión de vida y de presencia.

Esta ilusión es aún mayor cuando basta con tocar un botón para que la magia se ponga en marcha. El niño está en su casa, tranquilamente sentado en el suelo o en el sofá y, de repente, con un golpe de varita mágica, surge todo un universo poblado de héroes que viven mil y una historias palpitantes. A diferencia de otros tipos de espectáculos, la televisión no incluye ningún elemento que pueda ayudar al niño a poner distancia entre lo que ve en la pantalla y su vida real. En el cine, por ejemplo, el niño sale de casa para ir a una sala grande que está muy oscura y va acompañado. Al terminar la película, se encienden las luces, marcando así el retorno a la realidad. Lo mismo pasa con los otros espectáculos (marionetas, circo, teatro) donde las condiciones de entrada y de salida del imaginario son preparadas y enmarcadas por un dispositivo socializado. En la televisión, no hay nada de eso. No hay ninguna sala de espectáculos: se ve en la intimidad del salón o de la habitación. No hay ningún ritual específico para marcar el inicio y el final: como un grifo abierto, va soltando un flujo continuo de imágenes en las que el niño se orienta más o menos cambiando de cadena con el mando a distancia. El lenguaje de los profesionales, en este sentido, es bastante elocuente: se habla de canales, de tubos...

Si el adulto se descuida, el niño puede permanecer pegado durante horas frente al televisor, hipnotizado por las imágenes. Este poder puede ser nefasto, porque el niño está en pleno crecimiento. Aún no ha adquirido la madurez psicológica para descodificar lo que ve y lo que oye. Las imágenes televisivas tienen sobre él un impacto muy fuerte. Sólo al crecer es capaz de comprender y de dominar las emociones que este espectáculo despierta en él.

Un impacto diferente según la edad del niño

⇨ El bebé no entiende, sólo siente

¿Quién no ha visto a bebés dejados delante del televisor encendido sin ninguna precaución? Con el pretexto de que no entiende lo que ve, se le deja plantado allí pensando que la televisión no le afecta. Sin embargo, esto es un error, porque el bebé no entiende pero siente.

• **El bebé de menos de 8 meses** no diferencia entre él y el mundo. Flotando en una especie de nebulosa indiferenciada, vive como una parte del cuerpo de su madre. Está orientado hacia ella por su voz, su olor y después su cara. Todavía no tiene conciencia de su individualidad propia. En presencia de un televisor encendido percibe algo intrusivo, una especie de interferencia, que no puede identificar. Todavía muy centrado en sus necesidades alimentarias, el bebé tiene una capacidad de atención limitada que lo protege relativamente. Desde los primeros meses, sin embargo, es sensible a las imágenes parpadeantes y luminosas de la pequeña pantalla y a la melodía de los sonidos que lo rodean, y reacciona ante ciertas músicas.

• **Hacia el año de edad,** empieza a imitar a las personas de su entorno: reproduce los gestos, la mímica, los sonidos de la voz, las expresiones... Un poco más tarde, repite palabras que empieza a asimilar. La imitación es fundamental porque le permite memorizar lo que ve y escucha, hacerse suyo el entorno, encontrar en él sus referencias y construirse a sí mismo.

Algunos experimentos han demostrado que los niños de 14 meses podían reproducir algunas acciones percibidas en la televisión. Así, desde su más tierna edad, el niño es susceptible de aprender con la televisión unos comportamientos que reproduce después. El niño es muy permeable a su entorno externo. Como una esponja, absorbe y se impregna de todo lo que le rodea.

Muy pronto también, el niño percibe la emoción de un personaje gracias a la expresión de sus rasgos, a la entonación de su voz. Una puerta que se cierra de golpe, un grito, un disparo, una cara expresiva... dejarán en él una impresión o una emoción a la que no podrá dar sentido por sí mismo. Al no tener las capacidades de reflexión y de análisis, el bebé, igual que el niño pequeño, no podrá volver a situar la escena en su contexto. Esta experiencia puede quedarse anclada en él de forma brusca y generarle cierta angustia, porque todavía no es capaz de expresarse.

• **A partir de los 16 meses,** el niño reconoce de forma duradera su imagen en el espejo y empieza a hacerla suya. No sólo imita inmediatamente las acciones que ve, sino que también puede hacerlo de forma diferida. Será necesario esperar hasta los dos años para que se reconozca en una fotografía, y dos años y medio en un vídeo. Descubre el placer de correr, saltar, trepar. Es consciente de que puede actuar sobre las cosas y las personas.

Las imágenes audiovisuales como los dibujos animados o las marionetas le cautivan no sólo por la vivacidad de los colores o el tono de los diálogos, sino sobre todo por su movimiento. Refuerzan su amor propio y enriquecen su imaginario, que empieza a poblarse de pequeños héroes familiares que reconoce.

Pero no siempre entiende el galimatías más o menos confuso de las palabras sin que la explicación de un adulto les dé realmente sentido, salvo si el programa tiene en cuenta su nivel de comprensión del lenguaje. Es el caso, por ejemplo, de los *Teletubis*, una serie inglesa pensada específicamente para los niños de 18 meses a 4 años: colores vivos fáciles de identificar, palabras simples repetidas varias veces a un ritmo lento, sonidos amortiguados, un contenido no violento... Los pequeños pueden identificarse fácilmente con estos personajes.

⇨ Entre 3 y 5 años: un universo imaginario muy rico

• **A partir de 3 años,** el niño es capaz de seguir una película o un programa que le interese. Puede dar un sentido a la acción si sus componentes están pensados para él. Empieza a tener héroes favoritos. Durante este periodo, el niño tiene una vida imaginaria muy rica. Da vida a su osito, a sus muñecas, a sus figuritas, a los juguetes.

En su universo conviven indistintamente la realidad y el imaginario. Las historias que le cuentan los adultos, las películas y dibujos animados que ve por televisión, los espectáculos de marionetas alimentan su imaginación y desarrollan su enorme capacidad de soñar. Cree todo lo que le enseñamos o le contamos. Ante todo es crédulo, necesita tiempo para lograr distinguir lo verdadero de lo falso. Cuando ve saltar a Superman de un edificio a otro o a Spiderman escalar los rascacielos, se entusiasma. Estos héroes con poderes extraordinarios sacian su necesidad de omnipotencia.

Los necesita porque, en su vida, el niño es muy dependiente de los adultos, sobre todo de sus padres. En primer lugar, afectivamente: sin el amor de sus padres, languidece. Después, materialmente: tanto si es para comer, vestirse o limpiarse, el niño necesita la ayuda del adulto. Por consiguiente, compensa su sentimiento de impotencia a través de la búsqueda de una omnipotencia imaginaria. Este proceso psíquico es normal y está presente en todos los niños. Los ayuda a crecer, y sus héroes les sirven como modelo.

Pero un niño solo demasiado expuesto a las imágenes televisivas puede ver alterados sus primeros referentes. Por ejemplo, ¿cómo puede saber lo que le está permitido hacer y lo que no? Su madre le dice que no está bien decir palabrotas o pe-learse con sus hermanos y hermanas, mientras que en algunos dibujos animados los personajes lo hacen continuamente.

Entonces, «¿por qué yo no?», piensa cuando se enfada con su madre y esta no le da algo o cuando un compañero le ha quitado su juguete. La pelea le parece la forma natural de resolver los conflictos, contrariamente a las recomendaciones de sus padres.

Otra fuente de confusión para los pequeños es la representación de la muerte. En muchas series, se niega. Los superhéroes pueden hacer sufrir a todo tipo de criaturas, pero pocas veces se lastiman ellos mismos. Siempre salen indemnes y son inmortales. La muerte sólo existe para los malos, cuando no se metamorfosean. Al fin y al cabo, luchar sólo aporta la gloria de vencer, de ser el más fuerte, y no provoca sufrimiento. Además, en el lenguaje infantil, ya no se dice: «Voy a romperte la cara», sino que exclaman: «Voy a matarte». Así, la acción de matar al otro no tiene consecuencias, porque es inmortal. El niño corre el riesgo de tomar la realidad por lo que no es y, por consiguiente, empujado por sus impulsos, ponerse a veces en situación de peligro.

⇨ A partir de los 7 años empieza a distanciarse
Se dice que a los 7 años ya se tiene uso de razón. El niño ha interiorizado algunas reglas de la vida social. Es capaz de pensar por sí mismo, ha adquirido conocimientos. El dominio del lenguaje le permite expresar lo que piensa, lo que siente, emitir una opinión, empieza a conocer las nociones de tiempo y de espacio. Así, puede entender que lo que ve en televisión no tiene lugar aquí y ahora, sino que pudo pasar el día anterior, o que la acción sucede en otro lugar, lejos de su casa, si se lo explicamos. Por consiguiente, puede dar sentido a lo que ve, asociarlo a su contexto y, por tanto, distanciarse del efecto inmediato de la imagen.

Héroes efímeros

La televisión ejerce un impacto considerable en los niños a través de los valores que transmite. Desde su más tierna edad, necesitan héroes para crecer, mitos y figuras con los que identificarse. ¿Qué modelos les ofrece la televisión? ¿Cómo influyen los héroes televisivos en su comportamiento?

Los héroes de antaño procedían de la mitología, de la religión, de la literatura. Con la llegada de la comunicación a través de las imágenes, los héroes nacen en el cine, los dibujos animados y los videojuegos. La comercialización de los productos derivados como juegos, disfraces, figuras o incluso ropa ha transformado a estos pequeños personajes en anuncios al servicio de tal o cual marca. Cada vez más, los héroes imaginados por los niños evolucionan en universos misteriosos, preocupantes y extraños, fuera del tiempo y del espacio, el de la ciencia ficción, el de los universos de ultratumba. Ya no están personificados como seres humanos, sino que pueden ser extraterrestres, robots, animales fabulosos, fantasmas o vampiros, etc.

Los jóvenes telespectadores de las generaciones anteriores se identificaban fácilmente con sus héroes, ya que estos eran poco numerosos, cosa que ya no sucede. Con los videojuegos, los niños encuentran a sus personajes en diferentes soportes (cómics, videojuegos, series de televisión, etc.). Así, gracias a estos encuentros, el niño se cruzará en su camino con uno u otro personaje del que admirará las proezas correspondientes. Sin embargo, actualmente, estos encuentros son mucho más efímeros y están pautados por las modas del momento.

Los niños parecen sentirse mucho menos atraídos por los héroes de carácter particularmente fuerte, de los que podrían asimilar algunos valores para construir sus propias representaciones. A veces hacen alusión a uno u otro, pero, en general, pocos emergen de manera significativa y su éxito suele ser de corta duración.

Los más pequeños imitan directamente la acción de ciertos personajes cuando representan simulacros. Pero cuando se les pregunta por sus preferencias en los dibujos animados, por ejemplo, les cuesta mucho precisar su discurso, sus modalidades de acción.

Los que son un poco mayores empiezan a elegir, a tener preferencias, a poder especificar las características de los héroes que les gustan, pero todavía les cuesta criticar sus acciones o eventualmente lo que les motiva. Sin embargo, cuando un adulto muestra interés por estos personajes, se puede entablar un diálogo totalmente dinámico. Al niño a ve-ces le sorprende que un adulto pueda interesarse por lo mismo que él. De hecho, la mayoría de ellos consideran erróneamente el universo de los dibujos animados como un ámbito reservado, como si los adultos no tuvieran acceso a él. La mayoría de las veces ignoran que las personas que han creado estas imágenes especialmente diseñadas para ellos son precisamente adultos. Es el momento de recordarles que antes de ser adultos nosotros también fuimos niños.

⇨ Superwoman o Lolita

En los dibujos animados, las heroínas suelen tener un papel secundario, de ahí probablemente el éxito hace un tiempo, en las cadenas autonómicas, de las chicas de una serie que se ha emitido en casi todo el planeta: *Totally Spies* («Tres espías sin límite»). Se trata de tres estudiantes de un prestigioso institu-to de Beverly Hills. Detrás de la morena, la rubia o la pelirroja con aires de *Barbie* más bien normales se esconden unas temibles *ninjas*, unas agentes secre-tas a las que un jefe misterioso les confía varias misiones imposibles. Así, las chicas ordinarias se convierten en chicas extraordinarias: llevan unos trajes especiales y los diferentes artilugios de que disponen les confieren una fuerza y unos poderes fantásticos. Es decir, que nuestras superheroínas tienen los mismos poderes que los chicos o que los malos contra los que luchan, y a menudo son más listas. Aunque tengan sus momentos de debilidad, estas pequeñas espías dominan sobradamente a los grandes machos que se enfrentan a ellas. Atrás quedaron las Cenicientas, Blancanieves y demás Bellas Durmientes, unas jóvenes tiernas y pasivas que esperaban que el príncipe azul las liberara de su triste destino. ¿Pero acaso no hemos abandonado un modelo para caer en el extremo inverso? En el fondo, las heroínas actuales se comportan como hombres, y su feminidad se reduce a atributos puramente externos: el pintalabios, el estuche de maquillaje, las botas o el traje más moderno... transmitiendo a las niñas una imagen caricaturizada de la mujer.

La televisión les ofrece paralelamente otro modelo de mujer a través de las series televisivas, y sobre todo de los programas de telerrealidad que tanto les gustan: la mujer Lolita. Este modelo, encarnado por aprendices de cantantes, tiene un gran éxito entre las niñas. A partir de los 7-8 años, con el ombligo al aire y con unos vaqueros ceñidos, nuestras jóvenes cantantes en ciernes bailan y cantan delante del espejo imitando a las futuras cantantes. Muchas de ellas sueñan con ser un día la feliz elegida de tal o cual programa, y empujan a sus padres a comprar los productos derivados en forma de disfraces o de juegos. «Si ella realiza su sueño, ¿por qué yo no puedo?», se dicen. La cultura de la telerrealidad les sirve como modelo. Desgraciadamente, en estos programas se borra la diferencia entre el adulto y el niño, desdibujando la frontera existente entre un cuerpo de niña y uno de mujer.

Sacar al niño de la ilusión

Desde muy pequeño, el niño necesita descubrir la televisión estando acompañado para poder darse cuenta de que lo que ve no es la vida real.

• **Los padres pueden elegir con el niño** los momentos en los que verá la televisión y adaptar la duración en función de su edad. Avisándole de que apagaremos la tele al final de tal programa, los adultos ayudaremos al niño a asimilar que hay un principio y un final.

• **Ver la televisión con el niño y hablar con él** también le ayudará a tomar distancia. El niño necesita palabras, no sólo para entender, sino también para expresar lo que siente e integrarlo psíquicamente. Si todavía es pequeño, nuestras palabras le permitirán dar sentido a las imágenes y descodificar sus propias emociones. Si es mayor, podremos hablar con él de lo que ha visto. Es posible que las opiniones difieran, pero conocerá nuestra posición y ello le proporcionará referentes. Lo importante es permitirle situar el contexto de las imágenes que le chocan, explicando el relato de la película.

• **Finalmente, el niño se dejará atrapar menos por la televisión** si tiene otros centros de interés, otras fuentes de placer en su vida. El deporte, la música, el dibujo u otras actividades le permitirán encontrarse con otros niños, poner a prueba sus fuerzas y sus límites, crear lazos de amistad, sentir emociones reales... Sin olvidar que también necesita un tiempo de juegos libres y espontáneos, un espacio propio para soñar, imaginar, inventar, crear y desarrollar sus recursos internos.

Lo esencial

La televisión ejerce un verdadero poder de fascinación sobre los adultos y los niños. Crea una ilusión de vida y de presencia. Cuanto más joven es el niño, menos distancia pone entre él y la pantalla.

El niño pequeño no siempre entiende lo que ve pero capta la emoción que se desprende de una escena. Al no tener la madurez suficiente para descodificar las imágenes, no puede asociar sus emociones y sensaciones con un contexto concreto. Si ve una escena violenta, puede sentirse angustiado.

Cuanto más crece, más capaz es de entender las imágenes y de dominar las emociones que estas despiertan en él.

Para crecer, el niño necesita a héroes con los que identificarse. Los de la televisión son numerosos y efímeros. Pocos de ellos captan realmente la atención de los niños. En cuanto a las heroínas femeninas, navegan entre dos estilos: *superwoman* o Lolita.

Capítulo 3

El impacto
de las imágenes

Los niños están expuestos a imágenes de violencia, a escenas de intimidad sexual, a veces pornográficas. ¿Qué huellas dejan en su cabeza y en su corazón? ¿Un niño de 5, de 8 o de 12 años puede verlo todo?

El telediario: una visión deformada del mundo

Un padre con su hijo, ametrallados por los soldados, en primer plano. Con motivo de un reportaje sobre la guerra árabe-israelí, estas imágenes dieron la vuelta al mundo. Esta imagen tan chocante, sumamente dura, ponía al telespectador en posición de mirón. ¿Cuántos niños la vieron? Muchos. Después de su emisión, algunos padres se quejaron a las cadenas y los Consejos Audiovisuales denunciando su violencia y la ansiedad que habían provocado en sus hijos. Vieron a un niño morir ante sus ojos y a un padre impotente por salvarlo. La angustia era doble. A la violencia del contenido se añadía la violencia de la imagen. El primer plano sobre el tiroteo reforzaba la intensidad de la tragedia.

Es muy habitual cenar en casa con la televisión en-cendida. El telediario es una verdadera institución y muchos padres lo ven en presencia de sus hijos sin imaginar el impacto que puede causar en ellos. La violencia que se muestra en las noticias tiene un impacto igual de fuerte en el niño que si se tratara de una violencia real. Cada día, el telediario aporta su lote de malas noticias. Algunos dirán que la televisión es el espejo del mundo y que prepara a los niños para la vida real. ¡Falso! El telediario ofrece una visión deformada y angustiante de la realidad. En su carrera por la audiencia, las cadenas se libran a una competencia desenfrenada. Diseñado y editado para atraer al máximo de telespectadores, el telediario prioriza la emoción y la sensación por encima de la reflexión. Causar impresión cuenta más que el sentido y el interés de la información. Se da pues prioridad a los acontecimientos dramáticos, dando así la sensación general de vivir en un mundo de guerras, de muerte y de destrucción. Al tener poco tiempo para tratar los acontecimientos (un minuto y medio por tema, de media) los periodistas compensan las pocas explicaciones con imágenes chocantes. Y cuando se produce un acontecimiento «extraordinario», todos los focos apuntan hacia él.

El problema es que el niño espectador de tales imágenes se fía de sus propias referencias para dar un sentido al relato. Al no tener claramente la noción del tiempo y del espacio, imagina que lo que ve en televisión sucede en el mismo instante al lado de su casa.

Fue el caso después del 11 de septiembre de 2002. Las cadenas de televisión cambiaron su programación para emitir noticias y ediciones especiales, lo cual pudo reforzar en los telespectadores jóvenes la sensación de una guerra inminente. Muchos niños vieron las imágenes de la explosión de las torres gemelas en bucle. Los más pequeños, que no sabían de qué se trataba, imaginaron que el suceso se había producido tantas veces como lo habían visto. Los propios padres, en estado de choque, no siempre pudieron o supieron explicar a los niños el significado de la tragedia que se estaba produciendo ante sus ojos.

Los adultos pocas veces imaginan que el niño pueda hacer una interpretación muy alejada de la suya. Como aquel chico de 11 años al que su padre había llamado para ver un reportaje sobre una avalancha. En él se veía a centenares de personas engullidas por la nieve, y el comentarista insistía en la tragedia humana. El chico estaba inquieto, convencido de que aquello había sucedido en su ciudad, al lado de su casa, porque en aquella misma época hubo en la zona importantes desprendimientos de nieve nada habituales. Su padre, sorprendido por el suceso, no le había dicho que aquello sucedía a los pies del Himalaya, en la India.

⇨ ¿Qué impacto?
Tanto si es real como ficticia, la violencia triunfa en las pantallas. Al dirigirse al telespectador en sus pulsiones arcaicas, atrae a un vasto público. No siempre es fácil de identificar, porque se presenta con múltiples caras: física pero también verbal, psicológica, sexual. Su impacto varía de un niño a otro. Todo depende, en primer lugar, del contenido de las imágenes. Entre las luchas de los dibujos animados y las escenas de un asesinato en una película o en las noticias, entre una escena sexual un poco atrevida

y el porno duro, hay diferentes grados de violencia. El impacto depende también de la manera como se recibe. Si el niño está solo ante la pantalla, abandonado a sí mismo, corre el riesgo de sufrirla de lleno. Ninguna presencia humana puede sacarle de ese mano a mano angustiante con la pantalla. Fascinado por la imagen, olvida el tiempo, el espacio y el lugar en el que se encuentra él mismo. En cambio, si la ve acompañado por sus padres, su presencia podrá tranquilizarlo y sus palabras introducir un poco de humanidad. Finalmente, el impacto varía según la historia personal de cada uno. Algunos acontecimientos dejarán al niño indiferente mientras que otros le llamarán la atención. Cerrará los ojos y los oídos para protegerse o, al contrario, atraído por la imagen, los abrirá de par en par.

Afortunadamente, el niño tiene su pequeña «caja de herramientas» para tratar y digerir esta violencia. Sus ojos, sus figuritas, sus dibujos le ayudarán a «sacarla fuera». A través de las historias que inventa, puede construir un guión en su cabeza, imaginar una continuación a la escena que ha visto u oído y recuperar la sensación de controlar la situación. Si es mayor, puede hablar más de ello, poner palabras a lo que ha sentido. Para el niño, es muy importante poder expresar todo esto a un adulto que pueda recoger y contener sus emociones. Cuando notamos que nuestro hijo necesita decir algo, lo mejor es dejar lo que estemos haciendo y mostrarnos disponibles. Si no aprovechamos el momento, puede que no se vuelva a presentar nunca más.

⇨ **La ola monstruosa**

En diciembre de 2004, un tsunami devastó las costas del suroeste asiático, provocando muerte y destrucción. Una vez más, los programas de televisión vieron surgir otra ola, la de la información en las pantallas. Gracias al uso de fotos, vídeos o testimonios de supervivientes, los jóvenes telespectadores pudieron seguir el acontecimiento casi reconstituido en las pantallas, con la sensación del directo. Después, hubo numerosas explicaciones sobre la naturaleza de este fenómeno, la comprobación de los daños materiales, la búsqueda de cadáveres entre los escombros y finalmente la organización de la solidaridad internacional. En las pantallas no se hablaba de otra cosa, de forma continua y un poco invasiva. Afortunadamente, muchos niños tuvieron la oportunidad de hablarlo no sólo con sus padres, sino también con sus profesores, que les dieron medios para expresarse. En el flujo de detalles, los más pequeños prácticamente no tenían los medios para entender lo que pasaba. Lo que les marcó, sobre todo, fue el ambiente inquietante. Los mayores, al contrario, habían entendido perfectamente el fenómeno y su desarrollo. Quedaron conmocionados, abatidos y confundidos por la catástrofe. En sus dibujos, la catástrofe tomó forma de una boca monstruosa abierta, dispuesta a morder a todo un pueblo de la costa. El cielo estaba invadido por nubes negras y espesas. Por lo que se veía, la ola fue monstruosa, y ese cataclismo superaba la comprensión habitual de las cosas. En los comentarios, los niños decían que aquello no podía pasar en su país, pero estuvieron lo bastante preocupados para destacar que deberían ir con cuidado cuando jugaran con las olas en las próximas vacaciones en la playa. Así, más allá de la explicación, el acontecimiento dejará una huella subjetiva que tardará tiempo en ser integrada psíquicamente.

⇨ ¡No duele!
Más allá de la «digestión» inmediata, la violencia que ofrece la televisión ejerce un impacto a más

largo plazo sobre el psiquismo de los niños, porque les da un modelo de conducta que valora la agresividad y la destrucción del otro como manera de resolver los conflictos.

Algunos niños reaccionan con hastío y rechazo hacia este tipo de comportamientos con el riesgo de quedar impresionados o traumatizados. Otros, en cambio, eligen más bien la imitación y la identificación con estos héroes violentos. Interiorizan los sistemas de valores defendidos por sus héroes. Se ven atraídos por las imágenes y prueban internamente sus sensaciones. Suele ser el caso de los preadolescentes de 11-13 años.

La violencia puede generar angustia pero prefieren negarla, refugiándose en un «no duele» que les da la sensación de ser fuertes. También pueden callar porque han visto algo prohibido y prefieren no decírselo a sus padres.

Sean cuales sean sus reacciones, los niños se acostumbran diariamente a la violencia a través de las pantallas y, cuando se produce en la realidad, se banaliza. Están inmersos en una cultura en la que la violencia es un comportamiento normal, lo cual puede generarles indiferencia, pasividad y un sentimiento de impotencia.

⇨ Acompañar a nuestro hijo

Antes de los 8 años, es mejor evitar exponer al niño a los telediarios. Puede abrirse a los demás y al mundo a través de otros medios más respetuosos con su sensibilidad. En la prensa escrita, por ejemplo, existen revistas de información concebidas especialmente para los niños. La actualidad no se trata nunca desde su aspecto emocional. Al contrario, estas publicaciones intentan dar al joven lector los referentes necesarios para descodificarla. Pueden constituir un excelente soporte para el diálogo entre los niños y sus padres. Si usted ve el telediario en presencia de su hijo, tenga la edad que tenga, puede comentar las imágenes explicándole el contexto, mostrarle en un mapa dónde sucede el acontecimiento en cuestión, decirle que aquello sucedió el día anterior... También puede explicarle cómo se hace un telediario. El niño conseguirá poco a poco comprender que la televisión no enseña todo lo que pasa en el mundo y que los periodistas hacen una selección. Así asimilará que en un reportaje de un minuto sobre un suceso de varias horas sólo se muestran algunos aspectos. También puede ayudarle a tomar conciencia de que no todos los hechos expuestos tienen la misma importancia, aunque se presenten de un modo lineal.

La telerrealidad, una falsa realidad

Los niños son grandes seguidores de los programas de telerrealidad. Solos o en familia, siguen con asiduidad las aventuras de sus personajes favoritos, aprendices de cantantes o aventureros en una isla desierta... De un programa a otro, el marco cambia pero el principio siempre es el mismo. Una veintena de jóvenes encerrados durante varias semanas en una casa, una academia... Viven juntos aislados del resto del mundo. Son filmados en su más estricta intimidad. Tienen una tarea que realizar: preparar un espectáculo, construir una obra... Al final queda un vencedor, que consigue gloria, fama y un gran botín. La eliminación de los otros candidatos se realiza semana a semana, mediante el voto del público y de los propios concursantes. ¿A partir de qué criterios? El encanto, el aspecto, la simpatía, una forma de ser que gusta o no gusta.

Estos programas garantizan acción, suspense y emoción..., es decir, ingredientes suficientes para atraer a un gran público. A los niños les encanta, en particular a las niñas, que a partir de 6-7 años siguen asiduamente las actuaciones de los jóvenes cantantes.

⇨ El niño como mirón

El término empleado para describir este tipo de programas es *telerrealidad*. Es un nombre engañoso, porque lo que en ellos se presenta no corresponde en nada a la realidad. Se trata de una realidad fabricada para las necesidades de la pequeña pantalla. En primer lugar, los participantes no son personas como todo el mundo, elegidas al azar, sino candidatos cuidadosamente seleccionados en función de criterios muy precisos: su pertenencia a una categoría social representativa de una parte de la población, su físico, su capacidad de gustar, su soltura ante las cámaras y su resistencia psicológica ante determinadas pruebas. Segunda distorsión: las personas quedan encerradas y aisladas de cualquier contacto exterior durante varias semanas. Tercer elemento: son filmadas en su intimidad. Se les pide, en suma, que sean actores de su propio personaje. Finalmente, compiten entre sí.

Reúnen los ingredientes para que se produzca un psicodrama: amor, odio, rivalidad, celos, amistad, solidaridad, sexualidad. Los candidatos desvelan sus emociones y sus sentimientos más íntimos, creados por un dispositivo cuidadosamente estudiado. Estas son las emociones de las que se alimentan los telespectadores, situados así en una posición de mirones. El problema de los niños es que son demasiado pequeños para ser conscientes de ello. Además, a una edad en la que descubren y empiezan a construir su propia intimidad, la televisión les enseña que todo puede ser visto y todo puede ser mostrado. Otra fuente de confusión para el niño: la imagen dada por el grupo de participantes es parecida a la de la pandilla de amigos que va a vivir una aventura extraordinaria. Sin embargo, sólo uno gana al final tras una competición encarnizada. La televisión los presenta como amigos cuando en realidad son rivales, incluso enemigos.

Otro elemento: estos programas dan al telespectador un poder, el de eliminar candidatos a través de su voto, lo cual no sólo le fideliza y representa dinero para las cadenas (a través de las llamadas telefónicas pagadas muy caras), sino que, sobre todo, fomenta su sensación de omnipotencia. Un sentimiento ilusorio y nada sano, porque no procede de lo que el sujeto (en este caso, el telespectador) ha podido realizar en su vida, sino del poder que le confiere la televisión, a saber: juzgar y eliminar a otra persona. Resultado: el niño tiene unos referentes completamente confusos, construidos a partir de algo falso (una falsa realidad, una falsa intimidad, falsos sentimientos) y los asimila como si fueran verdaderos. Poniendo las emociones, los sentimientos y la intimidad de nuevo en su sitio, el padre podrá ayudar al niño a encontrar unos referentes verdaderos, explicando, por ejemplo, que lo que enseñan no es posible en la vida real, que nadie vive encerrado todo el día con las mismas personas y aislado del resto del mundo. Podemos decirle que las reglas del juego son malsanas, porque la televisión presenta a los candidatos como un grupo de amigos, cuando en realidad deben eliminarse entre ellos. También podemos hablar de la intimidad, decir a nuestro hijo que cada persona tiene derecho a su jardín secreto, que hay cosas como los besos, las caricias, ciertos sentimientos y pensamientos que le pertenecen. Tiene derecho a guardarlos para sí mismo o a compartirlos solamente con las personas más cercanas.

El impacto del porno

En el momento en que nuestro hijo deja de jugar con el Lego o con las muñecas, nos lo imaginamos esencialmente preocupado por la escuela, sus compañeros y sus distracciones... Y entonces es cuando descubrimos, estupefactos, que nuestro «pequeño» de 11 años ya ha visto una película porno. A los 14 años, el 67 % de los chicos y el 36 % de las chicas han visto al menos una vez en el mismo año una película porno.[2] Estupor, inquietud de los padres que no saben muy bien cómo reaccionar (¿severidad o diálogo?), ni qué impacto tendrá este contacto precoz con la pornografía sobre su hijo. Televisión, vídeo, Internet, prensa, carteles... los niños están cada vez más expuestos a imágenes que muestran cuerpos de forma sexy y más o menos agresiva. Los padres pocas veces imaginan que su hijo pueda tener acceso a estas imágenes, cuando en realidad las ocasiones no le faltan: durante las vacaciones en casa de la abuela abonada a canales de pago, en la televisión con el hermano mayor cuando salen a cenar a casa de amigos, en vídeo o DVD en casa de un amigo y también en Internet. Hay canales de pago y cadenas locales que emiten películas X a partir de las 12 de la noche, y las cadenas por cable ofrecen varios accesos: las cadenas especializadas, tipo XXL, que exigen estar abonado, pero también las

2. Fuente: Carta del CSA n.º 178, noviembre de 2004.

cadenas de cine que presentan películas porno visibles sin código de acceso.

⇨ ¿Qué huella?

El impacto de una escena sexual varía mucho de un niño a otro. Todo depende de su edad, del contexto de las imágenes, de la duración de la escena, si se trata de la primera y única vez o si las ha visto a menudo... Cuanto más joven sea, más traumatizante será la experiencia.

• **Niños menores de 7 años:** las escenas pornográficas le darán una visión espantosa de la sexualidad, porque a esta edad todavía no tiene las herramientas para comprender y asimilar lo que ve. Es muy sensible a las emociones que se expresan en ellas. Gritos, sonidos, respiraciones, lucha, combates... El niño pequeño sentirá la intensidad de la escena, la excitación que se desprende de ella, sin poder relacionarla con nada comprensible para él. Lo que ve supera sus propias capacidades de representación y entra en su psiquismo, lo cual puede crearle un trauma.

• **Entre 7 y 11 años:** el niño empieza a tener una pequeña idea del amor y la sexualidad. Ya ha oído hablar de cómo se hacen los niños, sobre todo si tiene un hermano o hermana menor. Si vive en el campo, ya habrá visto cómo se aparean los animales. Tendrá algunas herra-mientas para comprender mejor lo que ve en la tele. Sin embargo, el impacto puede ser muy violento y profundo. Las películas porno van dirigidas a adultos que tienen acceso a una sexualidad genital. El niño está creciendo. A esta edad, intenta imaginarse el acercamiento amoroso de sus padres, la famosa escena primitiva durante la cual fue concebido. Y cuando ve una escena pornográfica, se imagina a sus padres. Toma la ficción por realidad. Sin embargo, la sexualidad, tal y como se presenta en las películas X, se reduce a un acto mecánico, técnico y repetitivo, desprovisto de todo lo que embellece el acto sexual: los sentimientos, el deseo y la ternura. Así pues, ¿qué puede captar el niño? Una visión errónea de la sexualidad, en la que los cuerpos son parcelados y los seres reducidos a cosas. Los hombres aparecen como sementales siempre dispuestos a pasar al acto y las mujeres siempre consentidoras. Esta confrontación precoz y brutal a una sexualidad «dura» se anticipa a su capacidad de representarse el amor, de crearse a sí mismo a partir de sus propias fantasías. Los jóvenes que han visto varias películas intentan imitar a los actores y se ponen encima una gran presión. Algunos chicos desarrollan un complejo de inferioridad: su pene les parece muy pequeño en comparación con el de los actores porno. Más adelante tienen miedo de no estar a la altura.

Nuestros apresurados hijos tienen los referentes confusos. Algunos pasan del primer beso al acto sexual a la velocidad de un rayo, sin tomarse el tiempo de encontrar al otro, de descubrirlo o descubrirla, de respetarlo y apreciarlo, y dejar crecer el deseo. Queman las etapas y destruyen todo el encanto de los primeros flirteos.

⇨ Necesidad de iniciarse

A partir de los 11-12 años, chicos y chicas se plantean muchas preguntas sobre el amor, el sexo, el cuerpo... Antes de haber tenido su primera experiencia, tienen ganas de saber cómo se hace el amor, de prepararse para estar a la altura cuando llegue el día: quieren dar la impresión de que saben de qué va el tema para quedar bien delante de sus amigos y de sus amigas. Tienen ganas de iniciarse. Al no atreverse a abordar estas preguntas con sus padres u otros adultos, buscan respuestas por sí mismos. Actualmente nos encontramos en una situación paradójica: la sexualidad es un tema tabú en muchas familias y, al mismo tiempo, está sobremediatizada en la sociedad. Incomodidad y misterio por un lado, voyerismo y exageración por el otro... Para nuestros hijos, no resulta nada fácil.

⇨ Hablar con el niño

Por ello, la mejor prevención posible es la palabra y el diálogo dentro de la familia. Si el niño ha visto imágenes perturbadoras y siente que el tema no es tabú, se atreverá a hablar de ellas. Si puede compartir con sus padres lo que ha visto y sentido, si estos últimos pueden explicarle con palabras sencillas que la sexualidad en la vida real no es lo que ha visto por la tele, podrá quedarse tranquilo y encontrar referentes. Si es muy pequeño y ha visto algo chocante, podemos proponerle que dibuje, que juegue con sus muñecas o figuras, que explique..., es decir, hay que ayudarle a liberarse de sus emociones. Si es algo mayor, podemos hablar de ello con él, intentar comprender cómo fue, qué le perturbó.

⇨ Una educación de largo recorrido

Lo mejor es poder hablar libremente de la sexualidad desde que el niño es pequeño. Ni mucho ni poco, lo justo. Esperar sus preguntas y responder a ellas con palabras sencillas. Decir la verdad, pero no necesariamente toda la verdad. No siempre es fácil evaluar lo que el niño puede entender en función de su edad. Si es necesario, hay libros que pueden ayudar a los padres a encontrar las palabras adecuadas y servir de apoyo para el diálogo con el niño.

La dificultad que pueden sentir los padres al hablar de la sexualidad está relacionada con el contexto cultural. Nuestra cultura judeocristiana ha manchado el placer sexual de vergüenza y culpabilidad. De generación en generación siguen transmitiéndose muchas prohibiciones relacionadas con la sexualidad. Si observamos los insultos, por ejemplo, nos daremos cuenta de que la mayoría tiene una connotación sexual. Los pronunciamos sin pensar, pero en nuestro inconsciente se imprime una asociación entre violencia y sexualidad. Desplazamos nuestra agresividad hacia un «objeto» sexual, que se convierte por este hecho en objeto de desprecio y de repulsa. Por lo tanto, para dar a nuestros hijos una imagen positiva de la sexualidad, debemos realizar todo un trabajo de «descontaminación».

Lo esencial

Muchos padres ven los noticiarios en presencia de sus hijos, sin imaginar que la violencia de las imágenes puede ser fuente de angustia para ellos.

Antes de los 8 años, no tienen una conciencia clara del tiempo y del espacio; creen que lo que ven por televisión se produce en ese mismo instante y al lado de su casa. Interpretan las imágenes en función de sus propias referencias, muy distintas de las de los adultos.

Los niños son seguidores de los programas de telerrealidad. Sin embargo, estos confunden sus referentes presentando una falsa realidad, una falsa intimidad y falsos sentimientos.

Los niños cada vez más jóvenes ven imágenes de películas porno, en la televisión, en vídeo o por Internet, ante la gran sorpresa de sus padres. Estas imágenes les alteran profundamente y les transmiten una imagen completamente deformada de la sexualidad. Lo mejor es poder hablar del tema con ellos, sin dramatizar ni culpabilizarlos.

Capítulo 4

Detrás de la cámara

Antes de ser vistos por nuestros hijos, los programas son concebidos, realizados y emitidos en función de unos objetivos precisos. ¿Cuáles son? ¿Cómo se dirigen las cadenas a los niños? ¿Qué tipo de mensajes transmiten?

La publicidad, motor de guerra

Todas las cadenas, tanto si son públicas como privadas, necesitan la publicidad para sobrevivir. Publi-cidad y patrocinio representan un porcentaje muy importante de los ingresos para muchas cadenas. La aparición del cable y del satélite en los años noventa y la reciente llegada de la televisión digital terrestre han aumentado la competencia entre las cadenas en su carrera hacia los anunciantes. Actualmente son muchas para repartirse un pastel publicitario que puede extenderse hasta el infinito. Así pues, las cadenas se mueven hoy por una lógica comercial, lo cual influye en la manera en que se diseñan los programas. Los programas juveniles representan aproximadamente el 3 % del coste total de la parrilla, mientras que garantizan aproximadamente el 10 % del volumen (este porcentaje tiende a disminuir). De ello se deduce que una hora de programa juvenil exige, de media, una inversión tres veces menor que una hora de programa general. Por otro lado, cuanto más se dirige un programa al público general más caros son los anuncios emitidos antes, durante y después del mismo. Así pues, los programas no se fabrican solamente en función del interés que tienen para el público, sino también en función de los recursos publicitarios que pueden generar. Por lo tanto, las cadenas desarrollan unas estrategias cada vez más precisas orientadas no sólo a atraer a un público de masas, sino a hacer que este público sea receptivo a los mensajes publicitarios.

En este contexto, los niños constituyen un objetivo preferente, porque son fácilmente manipulables. Para los anunciantes, cuanto más joven es el niño, más se imprime en su inconsciente la marca visionada en la televisión y se convierte en un consumidor más fiel. Este impacto es muy importante para los publicistas, porque actualmente los niños son unos prescriptores innegables que influyen en las decisiones de compra de las familias, cada vez más abiertas a la discusión y a la negociación.

Una presión publicitaria muy fuerte

En sus inicios, la publicidad no iba nunca orientada directamente a los niños, sino a los padres. Progresivamente, al final de los años sesenta, los publicistas empezaron a dirigirse a ellos a través de la prensa juvenil. Los anuncios televisivos todavía eran marginales en aquella época. En los años ochenta, aparecieron las primeras pantallas de publicidad infantil. En esa época quedaban claramente enmarcadas en sintonías y anuncios muy claros, lo cual ya no es el caso actualmente. La publicidad se ha vuelto omnipresente: una media de diez minutos por hora de programa en las cadenas privadas. Pero, sobre todo, se infiltra de forma insidiosa en los programas infantiles. Las pantallas publicitarias se intercalan entre dos dibujos animados de manera poco visible. Hoy en día, ya casi no quedan presentadores de carne y hueso para marcar el inicio y el final de los programas. Estos desempeñan un papel muy importante, porque acompañan al niño en su entrada en el imaginario y en su retorno a la realidad, indicándole claramente que el programa va a empezar o a terminar. Hoy casi sólo hay personajes virtuales, difíciles de identificar, que actúan como interfase. El tono, el ritmo de los anuncios se parecen muchísimo a los de los dibujos animados. Todo se encadena a un ritmo desenfrenado sin tiempo de pausa ni de respiro.

La mezcla de los géneros va incluso más lejos. Muchos anuncios utilizan a personajes de los dibujos animados para alabar los méritos de sus productos. Así, cuando el niño ve a uno de sus personajes favoritos en un anuncio degustando tal o cual alimento, lo viste naturalmente de una dimensión afectiva. A la inversa, cuando encuentra a su personaje en el dibujo animado, la asociación con el producto se realiza inconscientemente en su mente. El efecto de repetición crea un condicionamiento.

Esta asociación entre anunciantes y programas se observa también a través del desarrollo de los productos derivados. Cuando un programa tiene mucho éxito, las tiendas de juguetes se llenan de muñecas, figuras, ropa, camisetas y otros productos con la marca del nuevo personaje... Los dibujos animados, pero también los programas de telerrealidad, destinados en principio a un público de adolescentes y de jóvenes adultos, dan lugar a una ola de productos derivados que llega a los niños cada vez más temprano. A partir de los 5 años, a las niñas se les ofrece toda la panoplia de la joven cantante de un programa de televisión. A la inversa, un programa puede ser lanzado por iniciativa de un fabricante de juguetes, deseoso de transformar sus productos en personajes de dibujos animados, como fue el caso de los *Pokémon*.

Anunciantes y cadenas van juntos de la mano. La televisión busca retener a los niños antes que divertirlos o educarlos. Anuncia juguetes y los fabricantes mantienen el entusiasmo por la televisión. Se cierra el círculo, el niño se encuentra apresado y rodeado en su universo lúdico.

Un universo de consumo

Esta estrecha imbricación entre publicidad y programas afecta al contenido mismo de estos últimos.

Muchos de ellos valoran las maneras de ser, de pensar y de comportarse de acuerdo con los intereses de los anunciantes, como los dibujos animados *Totally Spies* («Tres espías sin límite») con sus tres heroínas estudiantes de instituto y agentes secretas. Evolucionan en diferentes entornos, pero siempre con numerosas referencias al universo del consumo. Su acción suele desarrollarse en centros comerciales, y gracias a su tarjeta de crédito mágica pueden comprarse todo lo que desean.

Se hace todo lo posible para valorar las conductas consumistas. La publicidad, tanto para niños como para adultos, hace poco caso al producto como tal. Son pocos los anuncios que se interesan realmente en el producto y alaban sus cualidades. Para vender, la publicidad juega con el registro emocional, asociando el producto a un ideal de vida. Crea un ambiente de ensueño, de felicidad, de goce o de placer, dirigiéndose al telespectador en sus deseos más profundos, como ser feliz, amado, estar rodeado de seres queridos, sentirse bien consigo mismo... Y le tienta haciéndole creer que lo conseguirá si compra el producto en cuestión. La publicidad hace creer al niño que la felicidad se halla en el consumo. Le aporta una visión mágica de la existencia.

¿Qué decirle al niño?

Como hemos visto, antes de los 6-7 años el niño navega entre el mundo real y su mundo imaginario. Cree en lo maravilloso, y la publicidad abusa de su credulidad para manipularlo. Por ese motivo, Suecia prohibió la publicidad televisiva dirigida a los más pequeños. Mientras cree en Papá Noel, es manipulable, influenciable. Siendo aún muy pequeño, el niño es capaz de reconocer los anuncios publicitarios y diferenciarlos de los otros programas. Percibe una diferencia en el tono, los gestos o los personajes. Pero antes de los 6-7 años, no capta las intenciones de los publicistas hacia él.

Incluso cuando es muy pequeño ya podemos explicarle la diferencia entre lo que es publicidad y dibujo animado: «Mira, esto es un anuncio, que te muestra este yogur para que tengas ganas de comprarlo». También se le pueden hacer pequeños tests comparativos: probar varias marcas de yogur, de barritas de chocolate, de cereales o de golosinas... Así será consciente de que existen otros productos aparte de los que aparecen en la televisión, que pueden ser mejores y menos caros. El niño aprenderá poco a poco a elegir los productos en función de sus gustos.

A partir de los 7-8 años, empieza a comprender las intenciones de los publicistas. Le podemos enseñar cómo intenta la publicidad captar su atención: por ejemplo, recurriendo a un campeón deportivo... Podemos explicar al niño que en su vida diaria el campeón no utiliza ese producto, que ha cobrado mucho dinero por hacer ese anuncio y que si es un gran campeón no es gracias a ese producto, sino gracias a sus cualidades y a su entrenamiento.

También podemos proponerle un pequeño juego: identificar a todos los patrocinadores de una competición deportiva (en las camisetas de los campeones, en las vallas del campo...) y explicar al niño los mecanismos del patrocinio.

Para apoyar este discurso, lo ideal es explicarle también la noción del dinero, la del esfuerzo necesario para ganarlo, la del valor de las cosas. Entenderá mejor por qué sus padres no pueden comprarle todo lo que desea... ¡porque no tienen varita mágica!

Lo esencial

La publicidad financia en gran parte las cadenas de televisión, lo cual influye en el diseño y la
producción de los programas. La televisión busca
retener a los niños antes que divertirlos o educarlos.

El niño constituye un objetivo predilecto para los
publicistas: fácilmente manipulable, influye en las
decisiones de compra de sus padres.

Publicidad y programas están estrechamente
relacionados: los anuncios publicitarios se intercalan entre los dibujos animados de forma poco visible, se utilizan a personajes de dibujos animados en
los anuncios, algunas series valoran comportamientos de consumo y se desarrollan muchos productos
derivados.

Capítulo 5

¿Hada buena
o hada mala?

Más allá de la diversión, la televisión puede ser una ventana al mundo. Puede tener efectos realmente beneficiosos si el niño aprende a desarrollar ante ella una actitud activa.

La televisión puede enriquecer la vida de nuestros hijos tanto como empobrecerla. Puede abrirlos hacia el exterior o bien encerrarlos en una burbuja. Todo depende de los programas que vean, pero también de la relación que mantengan con la pequeña pantalla.

La televisión sólo es una herramienta. Sus efectos beneficiosos o negativos dependen, sobre todo, del sitio que ocupa en la vida del niño.

Personajes positivos

Divertir, informar e instruir. De estas tres grandes funciones que se supone que debe realizar la televisión, la primera es la que prioriza a través de los dibujos animados. Algunos son muy buenos y desarrollan valores humanos de solidaridad, de creación, de compartir. La mayoría se emite en forma de series. El niño encuentra regularmente los mismos personajes. Los héroes actuales dejan cada vez más el universo mítico del pasado para tomar aspecto de niño de hoy, que vive unas peripecias en una vida parecida a la suya. Como en un espejo, el niño telespectador encuentra a través de sus aventuras algo que se le parece y algo que le trasciende a la vez. Puede identificarse con uno u otro personaje, soñar que es como él. Separación, apego, afecto, amistad, miedo... Las emociones y los sentimientos humanos se describen y entran en escena, lo cual puede dar al niño unos referentes positivos a partir de los cuales construirse.

Uno de los personajes preferidos de los niños es Titeuf, creado por el ilustrador Zep, procedente de un cómic. Apareció en pantalla gracias al éxito que obtuvo en las librerías. La serie, estrenada en nuestro país en abierto en el año 2005 por una cadena generalista, actualmente puede verse en algún canal temático.

Titeuf es un personaje entre dos edades, un poco desfasado. Parece un niño pequeño de rostro grande, con sus movimientos humorísticos perpetuos, sus malas caras y su tendencia a soñar despierto. Su imaginación desbordante le lleva a vivir numerosas aventuras. No le gusta mucho trabajar y le cuesta ser buen estudiante. Pero también tiene fantasías de chico mayor, porque las chicas le atraen y piensa en el sexo. Sus aventuras se cuentan con humor, con palabras transformadas, como suelen hacer los niños espontáneamente para nuestro regocijo. Pero este personaje es de nuestra época y no tiene el carácter intemporal habitual de los héroes.

Lo que gusta a los niños, especialmente a los varones, es su lado trasgresor. Con un poco de entrenamiento, son capaces de dibujar su cara simpática en un papel. No escatiman elogios sobre sus acciones. A los más pequeños, sus emociones amorosas les pasan desapercibidas, mientras que los que son algo mayores se divierten con sus desengaños. Titeuf dice palabrotas, se porta mal, no escucha lo que le dicen, es fabulador, peleón, a veces tramposo... El pequeño telespectador se identifica con este personaje justamente porque a través de la ficción puede hacer todo lo que habitualmente le prohíben en la vida real. El buen alumno, el chico amable se identifica con sus desengaños y puede, a través del personaje, permitirse el placer de la trasgresión virtual. Por el contrario, el niño que tiende a no respetar las normas ve en él un modelo. Afortunadamente, en cada una de sus aventuras, las eventuales malas acciones de Titeuf se vuelven en su contra y exclama: «¡No es justo!». Precisamente, los niños a menudo tienen la sensación de que las prohibiciones les impiden hacer todo lo que quieren. Al no ser conscientes de que los límites están para protegerlos, creen que las personas que se los imponen no los quieren. El personaje les permite realizar sus fantasías pero también medir las consecuencias. Las aventuras de Titeuf se convierten entonces en una especie de juego alrededor de la cuestión de las prohibiciones y de sus consecuencias, con todas las repercusiones posibles.

Los que suele chocar a los padres, con este personaje, es la presencia de fantasías sexuales. Sin embargo, estas fantasías están muy presentes en la mente de los niños de 7 a 12 años, aunque tengan pocas ocasiones de expresarlas porque están en periodo de «latencia».

Titeuf, como todo niño, tiene una familia y amigos. Es muy sociable, aunque su comportamiento moleste un poco. El entorno en el que se mueve es muy parecido al de la mayoría de los niños. El joven telespectador puede proyectarse fácilmente y encontrar referentes. Al estar próximo a la vida habitual de los niños de nuestro tiempo, Titeuf es también el producto de una observación precisa de su mundo, que les devuelve su propia imagen más o menos caricaturizada. Así, por ejemplo, en el episodio en el que, estando solo, ve una película «sanguiviolenta», su autor pone en aviso a los niños contra las imágenes que no son para ellos y que, en este caso, requieren la compañía de un adulto.

Una ventana abierta al mundo

Los niños son curiosos por naturaleza. Tienen una capacidad excepcional: maravillarse por muchas pequeñas cosas. Lástima que la televisión no les nutra suficientemente de reportajes, de magazines de información y de explicaciones sobre el mundo. Sin embargo, entre dibujos animados o series, podemos descubrir algunas perlas. Hay cadenas que ofrecen magazines científicos que explican a los más jóvenes el mundo que nos rodea y que tratan temas que permiten a los jóvenes iniciarse en la ciencia. Otros sirven para ayudarles a iniciarse en la historia del arte. Con cadenas como Planète, Nacional Geographic, Viajar, entre otras, el cable y el satélite ofrecen un abanico bastante grande de documentales y magazines sobre países extranjeros, animales o historia. La televisión se convierte en ese caso en una ventana hacia el mundo: le enseña al niño que el universo no se limita a su entorno cercano, que existen otros países, otros continentes y personas que viven de manera muy diferente. Vista así, la televisión funciona como un gigantesco libro de imágenes del que el niño extrae conocimientos y símbolos.

La televisión también puede fomentar la apertura hacia los demás a través de grandes programas de solidaridad. Aunque la caridad a veces se convierta en un negocio o un espectáculo, la pequeña pantalla es capaz de movilizar a gente alrededor de grandes causas y de sensibilizar a los más jóvenes ante los valores humanitarios.

La televisión podría ir mucho más lejos en su función de información y de educación de los niños. Es una lástima el poco espacio dado en los periódicos a la información infantil o la ausencia de programas culturales pensados para ellos. ¿Por qué no concursos o programas sobre libros o cine? También han desaparecido los grandes debates en los que se veía a escritores, políticos y otras personalidades discutir sobre ideas y temas de sociedad.

La televisión ofrece tanto lo mejor como lo peor. Nuestro papel es guiar a nuestros hijos hacia lo que hace mejor, aunque no baste. Podríamos tener los mejores programas del mundo, y sin embargo sería nocivo ver televisión durante veinticuatro horas al día. Hay que tener en cuenta otra dimensión fundamental: la relación que el niño mantiene con la pequeña pantalla.

¿Qué lugar ocupa en la vida del niño?

Entre el que se planta delante de la tele a la vuelta de la escuela hasta la noche y el que la ve un ratito después de haber ido al parque con sus amigos, haber hecho deporte u otra actividad, hay una gran diferencia. Para el primero, la televisión rellena un tiempo vacío, vacío de ocupaciones, de contactos, de centros de interés. Para el segundo, ofrece un momento de pausa y de distracción en una jornada muy cargada.

La relación que el niño mantiene con la televisión depende mucho de la manera en que ocupa su tiempo libre y sus momentos de soledad. ¿Qué le proponemos cuando vuelve de la escuela? ¿Tiene tiempo de ver a los amigos, hacer deporte, dibujo o música? ¿Tiene también tiempo libre para no hacer nada? Y cuando está solo, ¿cómo se distrae? ¿Dibujando, dando golpes al balón, leyendo un buen libro o encendiendo sistemáticamente el televisor?

Es tentador, cuando el niño no sabe qué hacer, dejarle encender la televisión para saciar su aburrimiento. Basta con pulsar un botón para que salgan imágenes atrayentes a raudales. Entonces, ¿por qué privarse de hacerlo? Porque la televisión vuelve pasivo al niño. No debe realizar ningún esfuerzo, ni intelectual, ni social, ni físico, ni manual. Consume imágenes sin generar nada por sí mismo. El placer llega en bandeja, pero es superficial e inmediato.

Dejar que el niño se aburra puede ser positivo para él, porque el aburrimiento deja un espacio propicio a la ensoñación, a la imaginación, a la creación. Lo que no encuentra a través de una ocupación externa, lo busca en él y desarrolla sus recursos propios. Evidentemente, no se trata de prohibir sistemáticamente la televisión al niño bajo el pretexto de que tiene que aburrirse. Distraerse viendo la televisión puede ser beneficioso, siempre y cuando no sea la única fuente de distracción.

Un debate en la pareja

Lo ideal es debatirlo dentro de la pareja, ponerse de acuerdo sobre el tipo de programas que puede ver el niño, el tiempo que puede pasar frente al televisor, los momentos asignados para la tele y para otras actividades. De lo contrario, la gestión se realizará día a día, en función de los programas, con el riesgo de convertir la pequeña pantalla en una representación del poder y en un conflicto entre los padres. Padres y madres tienen a menudo enfoques distintos. Uno encontrará una película demasiado violenta, un programa nefasto, un horario inadecuado, mientras que el otro lo dejará pasar. Si no han establecido previamente un acuerdo entre ambos, uno de los padres puede sentirse descalificado, con lo cual se siembra el conflicto. En estos casos, el niño carece de referentes claros.

La situación se complica cuando los padres están separados. En caso de relaciones conflictivas, la televisión puede ser utilizada por uno u otro para desaprobar al ex cónyuge y poner al niño en su contra. La madre limita el uso de la tele a media hora al día, pero el padre se la deja ver durante todo el fin de semana. Uno prohíbe un tipo de programas, pero el otro se los graba. Si no es posible llegar a ningún acuerdo, lo mejor es proponer al niño un marco claro sin hacer juicios de valor sobre lo que hace el otro progenitor. «Aquí, las cosas son así. En casa de papá o mamá es distinto».

El uso de la televisión entre hermanos y hermanas también puede ser fuente de conflictos en la familia. La televisión puede hacer estragos en casa y someter a los más débiles a la ley de los más fuertes, sobre todo cuando los padres no están. Se produce gran variedad de casos: el adolescente pegado a la consola de videojuegos que deja solo al pequeño delante del televisor, el hermano mayor que ve películas violentas en presencia del menor, la batalla entre hermanos y hermanas por el mando a distancia,

el aislamiento de cada uno delante de «su» televisor...
La televisión aviva la rivalidad entre hermanos y se
convierte en una representación del poder. A falta de
regulación, el riesgo es dejar a los más jóvenes sin
protección frente a la pequeña pantalla. Para
prevenir estos deslices, lo ideal es definir algunas
reglas del juego, aplicables incluso cuando los padres
no están. Y si la regla se transgrede, al menos tendrá el
mérito de haber sido fijada.

¿Qué lugar ocupa en la familia?

La relación que mantiene el niño con la pequeña
pantalla también depende del tipo de familia en la
que crece.

En algunas familias, la televisión ocupa un sitio central. En las «multiconectadas», las pantallas están en
todas partes, son omnipresentes: varios televisores,
consolas de videojuegos, ordenadores. Muy pendien-
tes de las últimas innovaciones tecnológicas, los
padres también son amantes de los videojuegos.
Juegan en red con sus amigos y sus hijos, descargan
para ellos películas de Internet... En este tipo de familias existe una verdadera fascinación por las imágenes.

En otras, menos «conectadas», la televisión también ocupa un lugar central. Encendida permanentemente, como fondo sonoro, aporta la ilusión de una presencia. Principal distracción, ocupa las veladas, los fines de semana. Las comidas se hacen frente a la tele y el presentador del telediario prácticamente forma parte de la familia. La televisión compensa la ausencia de apertura hacia el exterior y otros centros de interés.

En cambio, algunas familias ven en la televisión una gran fuente de peligros. La excluyen de su universo (el 5 % de los hogares) para evitar los conflictos con sus hijos. Al hacerlo, los privan de ciertas referencias y los sitúan en una posición de desfase con sus compañeros. Y para compensar su frustración, los niños se pegan a la pequeña pantalla cuando están en casa de los abuelos o de los amigos. También hay las familias «controladoras» que establecen muchas prohibiciones y que regulan de manera muy estricta el uso de la televisión. De hecho, impiden al niño que tenga su propia experiencia. Demonizando la pequeña pantalla, corren el riesgo de aumentar la fascinación que esta ejerce sobre él.

Lo ideal sería la familia «moduladora», que intenta encontrar el punto medio entre el rechazo en bloque y la fascinación, que propone ocasionalmente la televisión, ofrece un marco flexible y desarrolla en el niño otras fuentes de interés.

¿Qué expectativas se tienen de la televisión?

Si esperamos de la televisión que rellene un tiempo vacío, colme una carencia afectiva o una falta de comunicación, apagamos el televisor con el mismo vacío dentro. O incluso con un vacío mayor. Aportando una ilusión de vida y de presencia, la televisión no hace más que enmascarar las dificultades. Mantiene a las personas en su engaño y les impide movilizarse para tener una vida más viva, unas relaciones más cálidas, un tiempo más creativo. Por ejemplo, cuando la tele está encendida durante las comidas, los padres no se interesan por los hijos. Sin embargo, la comida es un momento de convivencia óptimo para encontrarnos, y la presencia de la televisión dificulta el diálogo. Quizás oculte una dificultad para hablar, encontrarse o estar juntos, porque nos puede costar hablar de nosotros, compartir nuestras emociones, o porque preferimos callar ciertos conflictos... En cambio, si somos capaces de generarnos placer de otra forma que no sea viendo la televisión, podemos mantener una relación más distanciada de la pequeña pantalla. Podemos esperar de ella un buen momento de placer, de relajación, de información, de descubrimiento... Nada más. Este sitio de la pequeña pantalla en la vida familiar confronta a los padres con la manera en la que ellos mismos se lo pasan bien. ¿Cómo ocupan su tiempo libre, cómo viven sus periodos de soledad? ¿Cómo conciben su vida familiar?

Elegir los programas

Si el adulto tiene clara su relación con la televisión, puede ayudar más fácilmente a la joven generación a crecer con ella de un modo inteligente.

Lo ideal es acompañar al niño en la elección de sus programas. Podemos leer con él la programación y enseñarle a encontrar sus programas preferidos. También podemos ayudarle a identificar los diferentes géneros: dibujos animados, películas, magazines, reportajes... La elección de los programas puede ser la ocasión de entablar un diálogo fructífero con el niño.

Evidentemente, los padres tampoco pueden verlo todo con el niño, ni controlarlo todo. Este necesita un poco de libertad para tener sus propias experiencias y poder elegir. Con 10 años, puede preferir ver solo la televisión. Amor, amistad, familia... A través de películas y series, también desarrolla su jardín secreto.

Si queremos ayudar a nuestro hijo a tomar conciencia de la relación que mantiene con la pequeña pantalla, iniciaremos el diálogo con él e intentaremos aclarar las razones que lo llevan a ver la tele du-rante el día: ¿acaso es porque se aburre, porque la tele estaba encendida, porque tenía ganas de ver un programa? Así, el niño se da cuenta (y nosotros también) de que por la mañana ve la tele porque le gustan esos dibujos animados, por la tarde porque se aburre, al mediodía porque está encendida... La idea es responsabilizarle poco a poco de su uso de la televisión, enseñarle a desarrollar una actitud activa frente a la pequeña pantalla.

Una herramienta para compartir

Sacar provecho de la televisión también es verla con alguien, o toda la familia reunida. Puede ser una magnífica herramienta para compartir. Puede representar un momento de afecto, cuando vemos una buena película acurrucados contra el otro. Se convierte en un soporte para el placer de estar juntos. Es la ocasión de hacer mimos, de reír, de maravillarse o de temblar de miedo... Todos los niños necesitan momentos predilectos con sus padres, y la televisión puede ofrecérselos.

También da la posibilidad de compartir ciertas pasiones. La del deporte, por ejemplo, cuando padre e hijo vibran al unísono ante un partido de fútbol, de baloncesto o de tenis. La televisión procura instantes de gran emoción y permite a millones de personas de todo el mundo compartir al mismo tiempo acontecimientos deportivos, como Mundiales de fútbol o Juegos Olímpicos. Los deportistas son héroes modernos y aportan a nuestros hijos unos modelos de identificación positivos. El deporte transmite valores de esfuerzo, de rigor, de solidaridad, de éxito, de autosuperación. Crea vínculos sociales. Así, puede contribuir a que nazcan vocaciones y pasiones.

El niño, en fin, también comparte su experiencia de la tele con los compañeros de clase. Hablan de sus héroes, se cuentan sus aventuras, recuerdan ciertos momentos... La televisión es una de las herramientas de socialización de los niños.

Una herramienta de diálogo

¿Qué hacer con lo que hemos visto? ¿Visto y olvidado? No. La televisión puede convertirse en un lugar de palabra tanto como de imágenes. Da la oportunidad al niño de decir lo que le ha gustado o no, de hablar de los personajes, de explicar sus escenas preferidas... y a los padres de descubrir a su hijo a través de lo que le afecta. Cuanto más pequeño es, más se pega a la imagen. Es el placer de la identificación inmediata. Al crecer, desarrolla su capacidad de reflexión, de análisis, de asociación. Toma más distancia. Agudiza su espíritu crítico. Algunos niños hacen suyos los personajes y crean después sus propios guiones e historias.

La televisión da una materia prima que puede ser rica. Un suceso de actualidad, una película, una hazaña deportiva, un documental... Ofrece múltiples temas de conversación y de debate. Puede ser la ocasión de que el joven exprese puntos de vista diferentes de los de sus padres y, por lo tanto, de afirmarse y de crecer.

Lo esencial

Aunque la televisión priorice la diversión con los dibujos animados, algunos programas proponen una auténtica apertura cultural, científica, geográfica e histórica.

El lugar de la televisión en la vida del niño depende mucho del que ocupa en la familia: omnipresente, invitada ocasionalmente, muy controlada...

La televisión puede ser beneficiosa para el niño si no ocupa un lugar central en su vida. Si tiene otros centros de interés y sólo es una fuente de ocio entre otras, puede aportar buenos momentos de relajación y cosas que compartir.

Capítulo 6

Enfermos de televisión

Excitación, ansiedad, problemas alimentarios, adicción... La televisión puede ser la causante de diferentes tipos de trastornos. ¿Cómo identificarlos y qué respuestas podemos aportar?

A partir de los años sesenta empezaron a realizarse encuestas sociológicas en Inglaterra y Polonia para estudiar las alteraciones en la forma de vida de los niños después de la introducción masiva de la televisión en los hogares. Al mismo tiempo, en Bélgica y en Estados Unidos, algunos psiquiatras y psicoanalistas se interesaron en la cuestión. Hasta los años setenta no empezó a haber estudios sobre la violencia inducida por ciertos programas de televisión. Pero no fue hasta los años ochenta cuando pediatras y psiquiatras infantiles empezaron a preguntarse sobre los efectos psicopatológicos de la televisión en los niños.

A pesar del consumo creciente de las pequeñas pantallas y la comprobación diaria de los médicos sobre la influencia de la televisión en los niños, no existe una verdadera voluntad de llevar a cabo una política de salud pública en este ámbito. Los pocos estudios actuales son realizados principalmente por investigadores aislados.

El niño enganchado

Si nuestro hijo enciende la televisión en cuanto vuelve de la escuela, hace los deberes delante del televisor, con los amigos sólo habla de los personajes de dibujos animados y por la noche nos cuesta horrores despegarle de la pantalla... ¿está enganchado?

La dependencia hacia la televisión afecta a un gran número de niños, cada vez más jóvenes. Es insidiosa, porque, a diferencia de un trauma que se puede identificar, actúa por impregnación y se instala de manera progresiva.

⇨ ¿Qué señales lo delatan?

• **El tiempo pasado ante la pantalla:** el niño que ve mucho la televisión está expuesto a la «teledependencia». Podemos indicar algunos umbrales de aler-ta: una hora y media al día de media (niños de 2 a 4 años), dos horas y media al día (niños de 6-7 años) y tres horas y media al día (jóvenes de 10-11 años). Algunos niños pueden permanecer ante el televisor días enteros... Lo ven todo, cualquier cosa, hasta el punto de no saber qué han visto.

Cuando apagamos el televisor, se ponen irritables, nerviosos, odiosos, agresivos. Pueden hacer unas pataletas enormes. Para el niño dependiente, la ausencia de televisión crea una carencia insoportable. Le gusta dormirse frente a la tele y puede despertarse de noche para verla.

• **Su aislamiento frente al televisor:** la televisión pasa por delante de sus relaciones afectivas. De las dos abuelas, el niño prefiere a la que tiene Canal + en casa. Cuando sus primos vienen a jugar a casa, se queda pegado a la televisión. ¿Los amigos? Prefiere la compañía de los personajes de dibujos animados. Evita estar con otros niños y se queda apartado.

• **La ausencia de otros centros de interés:** deporte, dibujo, música, nada le atrae, la televisión es su única fuente de placer. Invade sus pensamientos. El niño sólo habla de lo que ha visto en la pequeña pantalla y sólo piensa en eso. También es un refugio que le evita tener que enfrentarse a la realidad. Así, prefiere soñar con ser campeón de fútbol antes que apuntarse a un club, o se imagina como una estrella pero se niega a tomar clases de baile o de música...

• **Sus dificultades escolares:** su actitud y sus ganas de trabajar se ven influidas por su consumo excesivo de televisión. No se interesa por los aprendizajes escolares.

• **Su falta de referentes en el espacio y en el tiempo:** con 8 años, un niño es capaz de diferenciar los momentos del día y los días de la semana. El niño dependiente los tendrá algo confusos.

⇨ ¿Cómo se vuelven dependientes?
La televisión interesa porque es un ámbito lúdico. Ejerce en el niño una poderosa atracción. Lo capta, lo arrastra hacia el mundo de los sueños y lo desconecta de la realidad. A poco que su vida real sea difícil, encuentra un remanso de paz. La televisión aporta un sentimiento de presencia, un poco como

una madre generosa, fiel, sonriente, divertida... La adicción afecta sobre todo a niños que carecen de contactos estimulantes con los adultos y se encuentran demasiado a menudo abandonados a sí mismos: la canguro no se ocupa de ellos o están solos en casa. La televisión compensa esta falta de presencia, de afecto y de amor.

⇨ ¿Cómo ayudarlo?

• **Intentando encontrar un poco de tiempo para jugar con él.** Una partida de escondite, un juego de sociedad, un buen libro que leer juntos, una sesión de fútbol... al niño le gusta jugar con su padre y su madre. Necesita su mirada, sus palabras, su presencia.

• **Procurando que no se duerma delante del televisor por la noche.** El momento de acostarse es el momento en el que se separa de sus padres, y puede necesitar estar acompañado en esta separación: una historia, unos mimos, unas palabras tiernas le alimentarán afectivamente más que un programa de televisión.

• **También se pueden aprovechar las vacaciones para hacer una pausa.** Ir a algún sitio sin televisión ofrece la oportunidad de encontrarse, de descubrir juntos universos nuevos.

• **El niño necesita jugar con niños de su edad.** Abriendo la casa a los compañeros de la escuela, a los amigos, saldrá poco a poco de su mano a mano con la pequeña pantalla.

• **Lo mejor es establecer un marco claro para limitar el tiempo ante la pantalla.** Podemos hablar del tema con él para que entienda que no se trata de un castigo y para que pueda sentirse parte implicada.

⇨ ¿Un mal familiar?

La televisión no es la única responsable de los trastornos que induce. La adicción se inscribe en un entorno y puede revelar un malestar en la familia. Esta dificultad del niño puede ser una buena ocasión para que los padres reflexionen sobre su modo de vida, sus comportamientos y sus costumbres.

• **¿Qué lugar ocupa la televisión en la familia?** ¿Suele estar encendida? ¿Cómo transcurren las comidas? ¿Cuántos televisores hay en la casa? ¿El niño tiene uno en su cuarto?

• **¿Qué relación mantienen los padres con la televisión?** ¿Pasional, afectiva o más bien distante? ¿A qué dedican el tiempo libre? ¿Son ellos también grandes consumidores de televisión?

• **¿El equilibrio entre el trabajo y la vida de familia es satisfactorio?** ¿Los padres pasan tiempo con su hijo? ¿Cómo ocupan este tiempo con él?

Tomándose el tiempo de aclarar el lugar que ocupa la televisión en su vida y en la de la familia, modificando quizás algunas costumbres, los padres podrán aportar respuestas positivas para el niño. A este la televisión suele gustarle por naturaleza. Si ha estado sumergido en un entrono en el que está omnipresente, la verá sin tomar la iniciativa de apagarla.

El niño excitado por demasiada televisión

Cuando ve la televisión, el niño almacena las emociones, unas sensaciones que necesita liberar después. Traspone en sus juegos lo que ha visto en la pantalla. Con sus gestos, posturas, palabras, imita a sus personajes favoritos, convirtiéndose en uno u otro héroe intersideral o intergaláctico... En los niños menores de 7 años, este paso de un universo a otro es normal. El niño se desahoga a través de sus juegos. Pero sucede que ciertos niños se pasan. Al identificarse de manera patológica con su personaje, no consiguen volver a la realidad. Atrapados en su fantasía de omnipotencia imaginaria, pierden el control de sí mismos. El niño puede ponerse en peligro y pasar a la acción. Fue el caso de un niño impulsivo que creía ser Spiderman y saltó de su balcón, pensando que el hecho de llevar el disfraz de su héroe le confería el mismo poder, es decir, volar. También es el caso de los adolescentes que se ponen la máscara de *Scream* para pasar a la acción. Afortunada-mente, son casos excepcionales. Pero también sucede que en la acción de sus juegos de imitación el niño atraviesa la línea roja que separa la realidad de lo imaginario sin darse demasiada cuenta, por falta de referentes o por ignorancia. Es lo que sucede a veces cuando se siente excitado por una escena sexual que traspone después en la vida real. El imaginario inducido por la televisión es muy potente y en las personas frágiles una exposición demasiado grande a la imagen puede hacerles desconectar de la realidad.

Para compensar el tiempo pasado ante la pantalla, podemos proponer a nuestro hijo que haga actividades físicas. Le ayudarán a canalizar su energía, a calmar sus tensiones y a volver a las sensaciones reales de su cuerpo.

El niño atiborrado de televisión y de comida

Con una bolsa de patatas fritas en una mano y el mando a distancia en la otra, el niño apoltronado en el sofá mira la televisión. Por mucho que sus padres le digan que no picotee todo el día, él no puede evitarlo, es más fuerte que él. Y por la noche, no tiene hambre. El fenómeno se ha vuelto habitual, lo cual alarma a los nutricionistas. La televisión suele rimar con picoteo. El niño se alimenta mal y deja de hacer ejercicio físico. Resultado: engorda y está sujeto a trastornos del comportamiento alimentario. El problema ya es muy serio en Estados Unidos, y Europa se ve cada vez más afectada por este problema.

¿Por qué come? Frente a la tele, el niño está sometido a las señales de los publicistas. Las representaciones tentadoras le hacen salivar y despiertan en él las ganas de comer, pero no están relacionadas con una sensación corporal de hambre sino con una representación imaginaria. Comer y ver la tele participan de la misma necesidad de llenarse de algo. El niño se atiborra de imágenes y de sonidos al mismo tiempo que se llena la barriga. ¿Qué intenta saciar? ¿El aburrimiento, la soledad, el vacío? Haciendo esto no se alimenta ni de intercambios fructíferos, ni de buenos alimentos. Centrado en lo que está viendo, no es consciente de las sensaciones gustativas y olfativas. Come de forma mecánica, sin placer real. Televisión y comida anestesian al niño, que come sin hambre y sin parar.

El niño traumatizado

La violencia aparece en ocasiones de forma inopinada, sin que estemos preparados para recibirla, en medio del telediario, entre la boda de un famoso y el tiempo, a veces en medio de un anuncio... El adulto puede entender el significado de tal escena, pero el niño pequeño no. Al no poder relacionarla con un contexto preciso, no le puede dar un significado, lo cual puede provocar un trauma. La violencia brutal y gratuita tiene un impacto muy diferente al de un lance en una película de capa y espada o del oeste. En el segundo caso, el niño puede comprender los pormenores de esta violencia. Toma sentido en el marco de un relato en el que los buenos luchan contra los malos para que triunfe la justicia.

⇨ Ansiedad

La violencia televisiva puede dejar una huella profunda en el niño. Al no poder asimilarla, se encuentra en un estado de «ansiedad latente». La situación de miedo y de peligro vivida a través de la imagen llega a su psiquismo en forma de ansiedad. No comprende lo que ha visto pero siente internamente una sensación de catástrofe inminente, de destrucción, que genera en él una ansiedad indeterminada sin que pueda relacionarla con nada concreto. El niño puede manifestar diferentes síntomas: miedos, problemas a la hora de dormir, pesadillas, terrores nocturnos, fobias o trastornos alimentarios.

⇨ Buscar la fuente de la ansiedad

Lo mejor es intentar identificar la fuente de la ansiedad, por ejemplo invitándole a hablar: «¿Te preocupa algo? ¿Has visto algo que te ha asustado?». Si el niño no dice nada, podemos pedirle que haga un dibujo, que invente una historia que hable de lo que siente, que lo represente con figuritas... Esto puede bastar y permitirle dar forma a su ansiedad, con lo cual podrá contenerla e ir liberándola poco a poco.

Puede ser que esto no baste y que revele una debilidad subyacente en el niño. La violencia sufrida puede provocar una ansiedad más profunda. En esos casos, lo mejor es consultar con un médico y solicitar los servicios de un psicoterapeuta.

⇨ **Un impacto distinto según la edad**
En los bebés y niños pequeños, el impacto de la violencia televisiva es más fuerte. Al no tener las herramientas para «descodificarla», la reciben de lleno. Los adultos suelen darse cuenta rápidamente, porque los síntomas aparecen rápidamente en los más pequeños: nerviosismo, miedos, sollozos, pérdida de apetito...

En los mayores, el impacto dependerá de lo que cada niño haya entendido. Cuanto más crece, más medios tiene para distanciarse de la violencia. Pero si ha visto algo prohibido, puede que no se atreva a hablar de ello con sus padres para que no le riñan, con lo cual guardará su malestar para sus adentros.

Lo esencial

El niño, gran consumidor de televisión, puede estar sometido a varios tipos de trastornos: dependencia, trastornos alimentarios, desconexión de la realidad, ansiedad.

La dependencia de la televisión es el trastorno más frecuente en los niños. Algunas señales ayudan a identificarla: el tiempo pasado ante la pantalla, el aislamiento ante el televisor y la falta de otros centros de interés. Para ayudar al niño a «desengancharse», lo mejor es inducirlo a realizar otras actividades, animarlo a jugar con otros niños y, si nosotros estamos poco presentes, pasar más tiempo con él.

La relación que el niño mantiene con la pequeña pantalla se inscribe en un contexto familiar. Sus síntomas pueden ser la señal de un malestar dentro de la familia.

Capítulo 7

Enseñarle a descodificar las imágenes

Para enseñar a desarrollar el espíritu crítico de los niños frente a las imágenes, los especialistas en la infancia y en los medios de comunicación preconizan una verdadera «educación en las imágenes». ¿En qué consiste y cómo pueden contribuir los padres?

Utilizar la señaléctica

Existe una herramienta concreta que puede ayudar a los padres a acompañar a sus hijos: la señaléctica. Son esos pequeños triángulos que vemos de vez en cuando en la pantalla a los cuales no siempre prestamos atención, cuando en realidad pueden aportar una ayuda valiosa.

⇨ **¿Por qué la señaléctica?**

Frente a la multiplicación de las cadenas y al flujo de imágenes que se ofrece al joven telespectador, se tuvo que crear una instancia reguladora de las emisiones.

El objetivo era velar por que los programas emitidos en las horas de gran audiencia fueran compatibles con su carácter familiar. Se trataba de evitar que se pudieran programar escenas de violencia y de pornografía a esas horas.

Así apareció la idea de indicar a los telespectadores, con la ayuda de un sistema de pictogramas incrustados en la imagen, la presencia de escenas susceptibles de herir la sensibilidad de los niños y de los adolescentes. Primero limitada a las cadenas hercianas, esta señaléctica se generalizó después entre todas. Su adopción corresponde a una carta de buena conducta a favor de la protección de los menores. Así, cada cadena creó su comité de visionado con el fin de clasificar los programas. Se aplica a las películas y a los documentales, pero no al telediario.

⇨ **Una señal clara**

La señaléctica, en forma de logos explícitos, se divide en varias categorías.

• **La ausencia de pictograma** significa que el

programa se dirige a todos los públicos y puede emitirse en cualquier momento.

• **El pictograma (10) incluye escenas susceptibles de herir a los niños** menores de 10 años. La difusión de estos programas no debe realizarse en emisiones destinadas a los niños, ni en sus fragmentos publicitarios.

• **El pictograma (18)** se utiliza para identificar los programas prohibidos a los menores de 18 años. Se trata de programas o de películas pornográficas o de gran violencia, reservados a un público adulto prevenido.

La clasificación de las películas es responsabilidad de las cadenas. Estas tienen comités, cuya composición varía de una a otra, en los que telespectadores y familias raramente están representados. Las cadenas deben tener en cuenta algunos criterios comunes: el número y la naturaleza de las escenas violentas, su uso sistemático para resolver los conflictos, la imagen degradante de la mujer, etc. No obstante, los operadores de televisión pueden completar esta calificación con indicaciones más detalladas para informar mejor tanto a los padres como a las personas responsables de los menores.

⇨ **¿Cómo utilizarlo?**

El objetivo de la señaléctica es informar a los padres, ser un indicativo que les permita tener una referencia lo más fiable posible para saber si el programa está adaptado o no a su hijo. Sin embargo, debe interpretarse y adaptarse a la sensibilidad de cada niño y en función de los valores propios de la familia.

Este sistema es muy útil porque ofrece un indicativo, como las señales de tráfico que indican los peligros y los límites de una buena conducción en el flujo de tráfico. Lo mismo pasa para navegar cómodamente en el flujo televisivo.

Saber que a tal hora, en tal cadena, se emite una película que no está adaptada a la edad de nuestro hijo invita a reflexionar. Si los profesionales han considerado que el programa incluye secuencias susceptibles de perjudicarlo, debe de ser por algo.

Lo mejor es explicárselo al niño de manera que después, él mismo, pueda aprender a autorregularse. Entonces podrá considerar este logo no como una incitación a la trasgresión sino como una señal que lo alerta de un riesgo potencial.

Educación en la imagen

Se puede ir más lejos en el acompañamiento del

niño desarrollando una verdadera educación en las imágenes.

Algunas asociaciones actúan en este terreno formando a maestros, educadores, que después realizan actividades en las escuelas, los centros de ocio y los centros culturales. Actúan poco a nivel de los padres pero piensan en ello. Algunas han creado herramientas pedagógicas (fichas, juegos) que los padres pueden adquirir.

Otras iniciativas interesantes se suceden en varios frentes, pero siguen quedando un poco aisladas. Los proyectos en las escuelas suelen orientarse hacia el descubrimiento de la prensa escrita.

⇨ Elegir los programas

Los programas de educación para los medios de comunicación se articulan generalmente alrededor de cuatro ejes: enseñar a los jóvenes a descodificar cualquier tipo de mensaje audiovisual, a reconocer las intenciones del realizador, a emitir una opinión crítica sobre lo que ven y, por último a elegir los programas.

Sin ser especialistas, los padres pueden empezar esta «educación en la imagen» a través de algunas acciones concretas con sus hijos.

• **Pueden comprar varias revistas de televisión** de la misma semana y compararlas. El niño descubrirá que la presentación varía claramente de una revista a otra. A través de la compaginación, la presencia de críticas, el tono... cada una intenta resaltar cierto tipo de programas más que otros. Una revista dedicará un artículo a una película, mientras que otra no le dedicará ni una sola línea. El niño entenderá que se pueden tener diferentes puntos de vista sobre la televisión y que él también puede forjarse el suyo.

• **Pueden observar y comparar las parrillas de programación** de dos o tres cadenas en un mismo día. El niño se dará cuenta de las diferencias entre las cadenas y podrá después orientarse hacia una u otra cadena con una visión más global.

• **Pueden ayudar a su hijo a concienciarse de su consumo televisivo** creando una pequeña herramienta: un calendario semanal, en el que se distingan las grandes franjas horarias (mañana, mediodía, tarde y noche). Se pueden dar al niño pegatinas de colores que representen un género (dibujos animados, película, documental, deporte, variedades...) y pedirle que pegue cada día los adhesivos correspondientes a los programas que ha visto. Al final de la semana, se dará cuenta por sí mismo de que sólo ve dibujos animados, por ejemplo, o de que siempre ve el mismo tipo de programas. Es como nuestra relación con la comida: hay gente que sólo come zanahorias y patatas, y gente a la que le gusta la variedad. La idea es partir de esta constatación para ayudar al niño a salir de sus reflejos habituales e invitarle a explorar nuevos ámbitos, a probar nuevos sabores...

⇨ Crear imágenes

Se puede ir más lejos en este acompañamiento, invitando al niño a crear y a producir él mismo imágenes con una cámara fotográfica o de vídeo. Así descubrirá los mecanismos subyacentes a la fabricación de la imagen y ello puede ayudarle a desmitificarla.

• **Haciendo fotos, simplemente, el niño descubre la noción de marco: no todo entra en el visor y se ve obligado a elegir.** Como en la televisión, el operador de cámara elige lo que graba. Lo que vemos en una foto o en la pantalla sólo representa una parte de la realidad, y es lo que da a la imagen televisiva su efecto hipnótico. La atención del telespectador se fija en el marco. Tiene la sensación de entrar dentro y de formar parte de él.

- **También se puede proponer al niño que elija una foto,** que la pegue en medio de una hoja de papel y que imagine y dibuje todo lo que podría haber alrededor. Realizando este ejercicio entre varias personas nos damos cuenta de que cada uno tiene una visión distinta. Cuando miramos una foto, como pasa con una película, además de lo que vemos también está todo lo que nos imaginamos alrededor.

- **Para enseñar al niño la noción de punto de vista,** le podemos sugerir que fotografíe un lugar, dándole dos objetivos opuestos: revalorizar el lugar y desvalorizarlo. Por ejemplo, su habitación: quizás hará una foto de su cama con todos sus peluches y otra de la grieta del techo o de la lámpara rota. Descubrirá que, detrás de una foto, como sucede en una película, siempre se encuentra la intención del fotógrafo o del realizador.

- **La cámara de vídeo puede ayudarle a tomar conciencia de muchas cosas,** aunque sólo sea filmándolo. Cuando el niño se ve en la pantalla de televisión, se da cuenta de que él también puede salir por la tele. Si todavía es pequeño, afina sus nociones de tiempo y de espacio: lo que ve sucedió antes y en otro sitio. También puede darse cuenta de que la imagen es distinta si se ha filmado de cerca o de lejos. Un primer plano de un niño que llora o que ríe no procura las mismas sensaciones que un plano alejado. También se pueden grabar varias músicas de fondo para ver cómo cambia el ambiente en función del estilo de música.

• **También se puede conseguir que el niño descubra fácilmente la noción de trucaje** posicionando la cámara de vídeo de diferentes maneras. Por ejemplo, colocándola «tendida» a ras de suelo: en la pantalla, el suelo se convierte en una pared que podemos escalar fácilmente. Otro procedimiento bastante simple, habitualmente utilizado en las películas, es el retoque de los planos. Por ejemplo, filmamos a una persona delante de una ventana durante algunos segundos. Después filmamos un paisaje. Cuando se yuxtaponen los planos, el espectador cree que la persona que está delante de la ventana mira el paisaje filmado. La imagen se ha creado con varias piezas.

Como todo lenguaje, la imagen tiene sus reglas y sus códigos. Igual que enseñamos a los niños gramática y ortografía, iniciarlos en el lenguaje de las imágenes les permitirá no sufrir su influencia. Serán capaces de separarse de ellas, de elegirlas y por consiguiente de apreciarlas más.

En esta tarea, los padres necesitan ayuda. La escuela tiene un papel muy importante que desempeñar. Además, cuando se propone a los niños realizar talleres alrededor de la producción de imágenes, ¡les encanta!

Lo esencial

A semejanza de un panel de señalización vial, la señaléctica es una baliza útil que puede guiar a padres e hijos en el caudal de imágenes. Indica la presencia de escenas violentas y de carácter sexual que pueden ser chocantes para los niños.

Enseñar a nuestro hijo a elegir los programas, permitirle crear él mismo imágenes con una cámara de fotos o de vídeo le ayudará a convertirse en un telespectador activo. Algunas asociaciones actúan en el ámbito escolar llevando a cabo con los jóvenes una verdadera educación en la imagen.

Capítulo 8

Padres ciudadanos, ¡podéis actuar!

El telespectador no es sólo consumidor. En primer lugar, es ciudadano. Para tener una televisión de mejor calidad, puede movilizarse. Los medios para hacerlo existen.

▓ El telespectador impotente

Frente a imágenes que chocan, frente a programas que incomodan, el telespectador se siente impotente la mayoría de las veces. ¿Ante quién expresarse? ¿Con qué impacto? ¿Cuánto puede contar su voz, comparada con la de los mastodontes televisivos? No hay sindicato, ni empresa, ni instancia de concertación... Se siente aislado, frente a una enorme máquina, compleja y potente. La comunicación se produce en un único sentido: del difusor al telespectador. Las cadenas sólo se dirigen a este último cuando su opinión es rentable: para participar en concursos, votar, responder a preguntas y de paso facturarle las llamadas a un precio muy alto...

Nuestra sociedad fomenta una cultura alrededor de la televisión: prensa, pósteres, productos derivados. Todo lo relacionado de cerca o de lejos con el mundo de la televisión está rodeado de un aura, y los actores de la pequeña pantalla son auténticas estrellas...

La única manera de tener en cuenta al público es a través de la medición de las audiencias por parte de las cadenas. Se miden gracias al audímetro, que se instala en hogares previamente seleccionados y que permite conocer prácticamente en el mismo instante los programas vistos. La audiencia obtenida a partir de esta muestra de población se extrapola a continuación a todo el país. Con ello se obtienen las audiencias, la herramienta casi exclusiva en la que se basan las cadenas a la hora de gestionar su parrilla de programas, hasta el punto de que algunos han denunciado la «dictadura de las audiencias»: en cuanto un programa registra poca audiencia, es eliminado de la programación. Esta herramienta no es muy fiable, porque sólo se trata de un sondeo y es puramente cuantitativo. El grado de satisfacción de los telespectadores no se tiene en cuenta.

Actuar ante los organismos

Ante esta potencia televisiva, este vasto caudal de opinión, el telespectador tiende a bajar los brazos. Los problemas encontrados se discuten en las conversaciones ordinarias, entre padres, con los hijos, con los compañeros de trabajo, pero la mayoría de las veces los comentarios se pierden en un pozo sin fondo: la opinión pública. El telespectador no utiliza los intermediarios existentes porque los desconoce. Como las imágenes son fugaces, y también el estado de ánimo, la reacción se deshincha y no se expresa. Ignora que puede actuar de otra forma que apagando el televisor. La televisión no puede vivir sólo porque la gente la ve. Sin público, no existiría. Los difusores lo saben bien y, contrariamente a la opinión general, están muy preocupados por su propia imagen. De hecho, si bien la opinión pública se alimenta a veces de los programas, si bien está orientada por su discurso, también puede darles la espalda o imponerse si tiene herramientas. Los medios televisivos son especialmente sensibles a ello y pueden a veces cambiar de rumbo. El telespectador es un ciudadano y un consumidor que raras veces utiliza su poder porque lo subestima. Si los programas no le gustan, puede reaccionar, dar su punto de vista, expresar su crítica. Los medios de actuación son limitados, pero existen.

⇨ Actuar en asociaciones

Las asociaciones de telespectadores, las de defensa de los derechos de los niños y las asociaciones familiares constituyen un primer contacto eficaz. Actúan ante los poderes públicos. Publicación de artículos, de entrevistas, acciones de presión: las asociaciones llevan la voz de los telespectadores ante los que toman las decisiones, alertan a la opinión pública sobre temas precisos, llevan a cabo campañas de información e intervienen en los temas de debate. Todo ello es posible si son representativas del mayor número de personas.También actúan sobre el terreno al lado de los jóvenes, en las escuelas, en los centros de ocio y culturales para educarlos en la imagen.

⇨ Contactar con las cadenas

Podemos dirigirnos directamente a las cadenas. Todas ellas disponen de un departamento encargado de las relaciones con los telespectadores, ya sea por teléfono, por correo o a través del sitio en Internet, que incluye un espacio reservado a los telespectadores, generalmente titulado «Contac-tar». Podemos plantear preguntas, hacer críticas y sugerencias, pero también expresar nuestra satisfacción. También podemos participar en foros dedicados a los programas. En algunos países europeos, por ejemplo, existe la figura del mediador, nombrado por las cadenas públicas. Se trata de figuras independientes, directamente situadas en el organigrama debajo de los presidentes de las cadenas, cuyo papel es hacerse eco de la opinión de los telespectadores ante los profesionales. Sus medios de acción incluyen programas semana-les, boletines internos y balances de actividad anual.

⇨ **Avisar a los Consejos Audiovisuales**

A diferencia de lo que ocurre en otros Estados miembros de la Unión Europea, en España aún no existe un Consejo Superior del Audiovisual que ejerza una función de regulación del espacio audiovisual. Sí existen, no obstante, algunos consejos audiovisuales autonómicos homologables a los europeos (Cataluña, Navarra), junto con otros en fase de desarrollo o de menor ambición (Andalucía, Galicia, Madrid).

Así pues, también podemos actuar ante estos consejos autonómicos. Entre sus diferentes misiones, se halla la de velar por la protección de los menores. En este sentido, algunos de ellos pueden emitir directivas y velar por su cumplimiento. Estos Consejos no son organismos de censura. Nunca intervienen antes de la emisión sino después. No interfieren en la programación, que es responsabilidad exclusiva de las cadenas. Así pues, no se les puede pedir que soliciten a las cadenas que recuperen un programa suprimido, que aumenten o reduzcan el número de películas o de programas de variedades o que repitan ciertos programas. En cambio, sí se les puede avisar de un tratamiento chocante de la información, de la emisión en plena tarde de una película con escenas violentas... Estos Consejos siguen las decisiones de clasificación por parte de las cadenas y los horarios elegidos para la emisión de los programas.

⇨ **Expresarse a través de la prensa**

No podemos olvidar la acción a través de la prensa escrita. A través de las tribunas libres, las cartas de los lectores, las páginas de «debate», podemos expresar nuestro punto de vista y aportar nuestro granito de arena, ya sea en la prensa especializada, ya sea en otros periódicos. Estas opiniones hacen reflexionar a otros lectores y contribuyen a alimentar una reflexión mucho más amplia.

⇨ **Informar a los responsables políticos**

Cabe recordar que todos los políticos, en cada nivel del territorio, son interlocutores a los que, en principio, los ciudadanos delegan parte de su poder de decisión. Necesitan conocer la opinión de la gente para pronunciarse.

Como el poder político y el poder mediático son interdependientes, una reacción política puede tener cierto peso. De este modo los diputados, nuestros representantes en las corporaciones, intervienen en el momento de votar las leyes pero también son importantes a la hora de hacer propuestas. Algunos de ellos, por ejemplo, han propuesto una cadena pública dedicada a los niños.

Lo esencial

Los telespectadores se sienten aislados e impotentes frente al sistema audiovisual y no imaginan que pueden expresar su descontento de otro modo que apagando el televisor. Y, sin embargo, sin ellos, la televisión no existiría.

El telespectador es un ciudadano y un consumidor. Si los programas no le gustan, puede reaccionar, dar su punto de vista, expresar su crítica actuando ante los diferentes organismos: asociaciones, cadenas, Consejos Audiovisuales, periódicos, políticos.

Conclusión

Actualmente, la televisión forma parte del universo de los niños. No sirve de nada demonizarla. Para los padres, el reto actual es más bien enseñarles a crecer de forma inteligente con ella, desarrollando en ellos una actitud activa frente a la pequeña pantalla: elegir los momentos en los que ven la televisión, seleccionar los programas, desarrollar una mirada crítica... Ello exige por parte de los padres el establecimiento de límites, decir que no, en ocasiones, al placer inmediato del niño para empujarlo a vivir otras experiencias. Lo que vale para la televisión también vale para otros medios de comunicación: videojuegos, Internet, mp3... Los niños están muy «solicitados» y los padres no sólo tienen la función de permitirles el acceso a estos bienes, sino sobre todo enseñarles a utilizarlos. Acompañar al niño en el descubrimiento de las imágenes también atañe a los docentes y a los difusores. Podríamos desear una mejor televisión que tuviera realmente en cuenta las necesidades y el interés de los niños, una televisión que no se dirigiera a ellos como consumidores, sino ante todo como sujetos y ciudadanos.

Bibliografía

Para los padres

BATON-HERVÉ, E., *Télévision et fonction parentale. Échos des recherches*, L'Harmattan, 2005.

CONSEJO DEL AUDIOVISUAL DE CATALUÑA, *Libro Blanco: La educación en el entorno audiovisual*, Quaderns del CAC número extraordinario, noviembre 2003.

CLERGET, S., *Enfants accros de la télé!*, Marabout, 2003.

ETXEBERRIA, FÉLIX, *Televisión y educación*, Abaeta Pedagogía, 1998.

FERRERÓS, MARÍA LUISA, *Enséñale a ver la tele: la guía útil para enseñar a tus hijos a ver la televisión*, Editorial Planeta, 2005.

GARCÍA GALERA, MARÍA DEL CARMEN, *Televisión, violencia e infancia: el impacto de los medios*, Editorial Gedisa, 2000.

LURÇAT, L., *La manipulation des enfants: nos enfants face à la violence des images*, Éditions du Rocher, 2002.

Rouchié, T., *Lire et comprendre la publicité*, Retz, 2000.

Soury-Ligier, F., *Parle, petit, la télé t'écoute!*, L'Harmattan, 2002.

Tisseron, S., *Manuel à l'usage des parents dont les enfants regardent trop la télévision*, Bayard, 2004.

Para los niños

Alcántara, Ricardo, *Tento y la tele*, Editorial Luis Vives, 2005.

Lamblin, Christian, *Edu ve demasiado la tele,* Editorial Luis Vives, 2001.

Lévy, Didier, *Panocha. ¡Adiós a la tele!*, Edebé, 2005.

Mcloy, Glenn, *No funciona la tele,* Ediciones Alfaguara, 2003.

Direcciones útiles

Asociaciones de defensa de los telespectadores

Agrupación de Telespectadores y Radioyentes
C/ Fuencarral, 101, 5.° 1.ª
28004 Madrid
914 488 515
http://www.atr.org.es
correo electrónico:atrmadrid@infonegocio.com

Asociación de Usuarios de la Comunicación (AUC)
C/ Cavanilles, 29, 2.° D
28007 Madrid
915 016 773
http://www.auc.es

Asociación de Jóvenes Telespectadores (AJT)
http://www.lavender.fortunecity.com

Foro del espectador
913 575 546
http://www.forodelespectador.com
correo electrónico:info@forodelespectador.com

Organismos de regulación

Consejo Audiovisual de Andalucía
Avda. República Argentina 24, 1.°
41011 Sevilla
954 280 215
http://www.juntadeandalucia.es
correo electrónico:info.caa@juntadeandalucia.es

Consejo del Audiovisual de Cataluña
C/ Entença, 321
08029 Barcelona
933 632 525
http://www.audiovisualcat.net
correo electrónico:audiovisual@gencat.net

Consejo Audiovisual de Navarra
C/ Emilio Arrieta, 11 bis, 4.ª planta
31002 Pamplona
948 421 969
http://www.consejoaudiovidualdenavarra.es
correo electrónico:info@consejoaudiovisualdenava-
rra.es

Índice

¿Qué hay en la tele?

EN LA MISMA COLECCIÓN

Dr. Patrice Huerre y Laurence Delpierre
¡No me hables en ese tono! - ¿Cómo reaccionar?

Dr. Patrick Blachère y Sophie Rouchon
*Pequeñas infidelidades en la pareja - Tolerancia
o ruptura*

Christine Brunet y Nadia Benlakhel
*¿Hasta cuándo durará esa rabieta? - Cómo
calmarlos sin ponerse nervioso*

Gérard Chauveau y Carine Mayo
Le cuesta aprender a leer - ¿Cómo ayudarlo?

Dra. Marie-Claude Vallejo y Mireille Fronty
*¡Para empezar, tú no eres mi madre! - ¿Qué lugar
debe ocupar una madrastra?*